U0528253

厦门文学艺术人物系列专辑
厦门市文学艺术界联合会 编

曲艺家
林恒星

中国文史出版社

图书在版编目（ＣＩＰ）数据

曲艺家林恒星 / 厦门市文学艺术界联合会编. -- 北京：中国文史出版社，2023.5
（厦门文学艺术人物系列专辑）
ISBN 978-7-5205-4063-6

Ⅰ．①曲… Ⅱ．①厦… Ⅲ．①林恒星—事迹 Ⅳ.①K827.78

中国国家版本馆CIP数据核字(2023)第065432号

责任编辑：刘华夏
小传撰稿：郭　凯

出版发行：中国文史出版社
社　　址：北京市海淀区西八里庄路69号院　　邮编：100142
电　　话：010 — 81136606　81136602　81136603　81136605（发行部）
传　　真：010 — 81136655
印　　装：廊坊市海涛印刷有限公司
经　　销：全国新华书店
开　　本：787mm×1092mm　1/16
印　　张：11.5
字　　数：164 千字
版　　次：2023年6月北京第1版
印　　次：2023年6月第1次印刷
定　　价：90.00元

文史版图书，版权所有，侵权必究。
文史版图书，印装错误可与发行部联系退换。

《厦门文学艺术人物系列专辑》编委会

主　　任：陈　影
副主任：王　元　陈春洋　苏　璇
委　　员：李长福　刘堆来　杨景初　张立平
　　　　　林丹娅　曾学文　陈　斌

《曲艺家　林恒星》编委会

策划制作：厦门文广影音有限公司
总 策 划：陈　影　钟　元
主　　编：陈元麟
主任编辑：杜杉杉　黄永成
编　　辑：杨晓莹
装帧设计：乾　羽
统　　筹：杨秀晖

总序

　　素有"海上花园"称誉的厦门四季如春，人文荟萃。

　　新中国成立以来，尤其是建设经济特区以来，厦门市委、市政府一手抓经济建设，一手抓文化建设，全市文艺事业生机勃勃、硕果累累，文学、戏剧、电影、电视、音乐、舞蹈、美术、摄影、书法、曲艺及民间文艺等领域，呈现出繁花似锦、姹紫嫣红的生动局面，涌现出许多优秀作家、艺术家。这些文艺界代表人物对厦门的文艺事业做出过积极贡献，产生过积极影响，为厦门文化建设注入了丰富的内涵，是不可多得的文化资源和精神财富。

　　为了进一步贯彻落实党的文艺方针政策，传承与发展厦门市文艺事业，推动厦门文化大发展大繁荣，厦门市文联决定编辑出版《厦门文学艺术人物系列专辑》，以音像和图文记录的方式，生动再现厦门文艺界代表人物的亮丽风采，总结他们毕生从事文艺创作的宝贵经验。

　　我们希望，这套系列专辑的出版发行，能让更多的人近距离、多视角地了解厦门文艺事业的发展，更亲切地感受厦门文艺界人物的无私奉献和辛勤努力。

　　我们相信，先人匠心独运的艺术创造将成为后人的精神资源，前辈攀登的高峰将成为后辈接力前行的起点。

　　江山代有才人出，我们正经历着一个伟大的时代，而伟大的时代又必然催生伟大的文学艺术作品和优秀的作家、艺术家。一切有理想有抱负的文艺工作者，都要担起时代赋予的神圣使命，更加自觉、更加主动地追求德艺双馨，更好地履行人类灵魂工程师的神圣职责，积极投身于高质量的厦门建设，努力创作出无愧于我们这个朝气蓬勃时代的精品力作。

《厦门文学艺术人物系列专辑》编委会

目录

第一辑　小传

4　非常市井

10　筚路蓝缕

14　言传身教

24　临时记者

29　笔耕不辍

41　薪火存续

50　收徒授业

57　倾力著述

第二辑　作品

答嘴鼓

69　我明白啦

78　市声

88	唱念白
95	新规定
100	误会
105	厦门路名趣谈
108	送王船
113	趣味闽南话
116	人口均衡促发展

芗曲说唱

| 119 | 当归 |

厦门说书

| 122 | 《王永庆传奇的一生》序篇 |

论文

| 131 | 略谈答嘴鼓艺术的良性发展 |
| 137 | 略谈答嘴鼓艺术在两岸交往中的传承与发展 |

第三辑　社会评价

147　生命不息　传承不止

　　——访答嘴鼓省级非物质文化遗产代表性传承人林恒星 / 黄念旭

151　用闽南曲艺传唱模范故事

　　——"道德模范故事汇"：节目都是原创的，故事都是真实的

　　/ 戴 懿

152　答嘴鼓走进校园收徒弟

　　——市实验小学开办兴趣小组，学生用闽南话说绕口令 / 李玉桐

154　答嘴鼓创作家想收徒 / 李晓辉

155　答嘴鼓省级传承人收徒啦

　　——徒弟是名六年级女生，她要学习答嘴鼓作品创作 / 柯笛

157　厦门答嘴鼓，金门县长都说赞 / 陈成沛

第四辑　附录

163　大事年表

第一辑　小传

小 传

　　林恒星，1947年3月6日出生于厦门。中国曲艺家协会会员，中国通俗文艺研究会常务理事，厦门市鹏翔答嘴鼓艺术传习中心理事长，国家级非物质文化遗产项目答嘴鼓省级代表性传承人。

非常市井

提起与答嘴鼓的渊源，油然映入林恒星脑海的，是位于厦门市中山公园边上那个叫百家村的地方一幅幅市井图；那摇曳生姿的久违的市声，仿佛穿过时空，又在耳边响起，亲切、熟稔，令他心潮起伏。

那一块生他养他的地方，是闽南文化的一片沃土。

百家村是厦门于民国时期规划且得到实施的几个新区之一，也是厦门岛内至今保留较为完整的老厦门区域之一。1927年到1931年间，厦门建设中山公园，为了安置片区200多家拆迁户，在公园东面深田路一带建设了百余间石木结构的房子，这就是百家村的由来。

▲ 林恒星6岁时留影

1947年3月6日，一个男婴以响亮的啼哭加入百家村周边喧闹的市声，宣告自己的降生。父母给他起了个名字——林恒星。

林恒星才出生两个月，父亲林清火即外出谋生，后在苏中参加了中国人民解放军。1949年9月20日，林清火在解放厦门的战斗中光荣牺牲，其骨灰现安放在厦门革命烈士陵园内。在中国共产党成立100周年之际，林恒星创作了讲古《普通一兵》，以表达对父亲的纪念，该作品在2021年厦门市青少年电视讲古大赛中获优秀创作奖及表演二等奖。这是后话。

▲ 林清火烈士证书

　　对于家庭遭遇的这一重大变故，年幼的林恒星还懵懂无知。父亲牺牲了，但生活还要继续，百家村的市声照样在街巷中流淌，伴随着他牙牙学语，蹒跚学步，一年年长大。

　　在光荣路与百家村路的交接处，有一间独立的小房，旁边是荒废的房屋，已堆成小土包，儿时的林恒星常和小伙伴在那儿采花、捕蝶、捉虫、嬉戏。独立小房里住着一位人称"红柿姑"的老人。印象中，这是一位孤寡老人，但是熟稔闽南文化。她经常会在她家门板上张贴一些闽南童谣、"念四句"之类，有时还教人吟诵。在围观的人群中，常有林恒星的身影。他踮着脚，伸着脖子，拉长耳朵，圆睁的大眼闪着好奇与渴求的光。仔细想想，这就是他的答嘴鼓启蒙了。

　　林恒星家的后面，百家村路与复兴路（现中兴路）交接的拐弯处，有一座供奉关帝的济寿宫（现为教育宾馆），门前搭有戏台，常有戏目上演。"看戏（芗剧）"对林恒星来说是更有吸引力的一件事。"雪梅菜刀举一支，不由目滓挂眼墘，孽子不听我教示，我暝日织布是要呢。""这个查某贪吃兼贫惰：衫裤规年不曾换，弓鞋横比三寸半，头壳一粒米斗大，目珠若酒盏，嘴若八角碗，鼻麓拱若清源山。哎哟，真实是鲟看哼澜，虾看倒弹，鬼仔看着流清汗，田鸽仔看着跳过田岸，你若看着呀，准

小　传

5

定规个人会倒咧互人拖。"旦角的低吟浅唱,丑角的插科打诨,让他痴迷其中,乐此不疲。

那时候的厦门,不像现在以普通话为主。市井细民,引车卖浆者流,都讲闽南话。闽南话以人们熟悉的亲切气息盘桓在厦门的市井街巷。拆迁户聚居的百家村,街道上飘荡的更是地道的闽南话。林恒星从牙牙学语开始,那些土生土长、原汁原味的闽南民间俗语、俚语,就一点一滴地浸润他的头脑,滋养他的灵魂。

几十年后,那些经常在林恒星童年清晨的睡梦中响起的走街串巷的小摊小贩的吆喝声,还不时地在他的梦里萦绕。

"倒粗——倒尿——"这是百家村黎明时传来的第一声吆喝,那是进城收集粪便的农民的吆喝。吆喝声中,周边家家户户的大门咿咿呀呀应和着打开了,人们提着马桶走出门外,将积蓄了一夜的排泄物倒入粪车。他们睡眼惺忪,和黎明的天色一样朦胧。

接着是"胡仁——豆",卖胡仁豆的小贩登场了。他们手挎小木桶,里面是棉布包裹着的煮得熟烂的豌豆,热气犹存,香气诱人。吆喝声不时被一群家庭主妇的喧嚷声打住。"给我来五尖(五分钱)","我要即角银(一角钱)",她们一手举着钱,一手托着碗,争先恐后地叫着。

几乎与此同时,卖油条的也联袂出场了。于是,"油——食——粿"的叫卖声和"胡仁——豆"的吆喝声,此起彼伏,你唱我和,奏响了百家村新一天生活的序曲,装饰了林恒星童年清晨的梦。

由此发端,各色吆喝声像一股细流在百家村的街道上流淌,连绵而至,涓涓不断。"买高丽菜""买菜头""买柑子""买茶叶""土笋冻""买葵扇""买玻璃矸""买鸡毛肉骨""册纸报纸提来卖""旧时钟旧古意提来卖""补鼎补面盆""染衫裤""磨绞刀削刀"……三不五时的,还有拍拳卖膏药的,在街头画地为圈,"捶胸顿足":"拳头要会,在咱本地;功夫要好,在咱本岛……"沿街乞讨的叫花子,一手挂根竹杖,一手捧个海碗,嘴里念念有词:"阿娘阿官淡薄分,互恁全出好囝孙……"直到夜幕降临,还有手持瓷碗与汤匙撞击,招揽买扁食汤的

声响……一声声吆喝，你方唱罢我登场，或粗犷或细腻，如吟哦如歌唱，在街巷里飘荡，一年四季，周而复始，吟唱着柴米油盐的日常，编织成百姓人家悠长的岁月。

这些吆喝声，充满了吃喝拉撒的市井烟火气，让林恒星终生难忘。

生活是创作的源头活水。几十年后，林恒星一篇答嘴鼓作品就叫"市声"。它经中央、省、市三级电台录播，赴中国台湾、新加坡展演，在林恒星的作品中，它获奖最多，受众群体最广。其灵感，就来自这段生活。

1954年，林恒星踏进厦门实验小学的校门。

因为对算术课缺乏兴趣，上课走神，林恒星常被上海籍的丁老师揪耳朵："一只耳朵，两只耳朵，一只也不少，怎么从这耳听进去，从那耳跑出来？"

相比算术课，他更喜欢唱歌、美术、体育课，在这些领域表现出一定的天赋。他在陈、高两位音乐老师的指导下练就了一副不错的嗓子，多次成为学校合唱团的领唱。他至今还记得当年领唱的那首婉转悠扬、如泣如诉的《歌唱二小放牛郎》："牛儿还在山坡吃草，放牛的却不知哪儿去了。不是他贪玩耍丢了牛，那放牛的孩子王二小……"

他在艺术上也有自己的想法。有一次学校组织个人才艺表演，他扮演一名日本军官，手中挥动的木头手枪就是他自己设计的。他先用锯子锯出手枪雏形，再一刀一刀地精雕细刻，还在枪身

▲ 厦门市第一幼儿园第二届毕业生留影（六排左四：林恒星）

▲ 厦门实验小学二年级留影（二排左五：林恒星）

▲ 林恒星10岁时留影

上钻了三个小眼，插上三门小鞭炮，连上导火线。在扮演日本军官骑马奔驰的时候有一个突然开枪的动作，他用手中的短香突然点燃了手枪上的鞭炮。结果，"啪啪啪"！突如其来的三声鞭响把几个胆小的女生都吓哭了。

在美术方面，他也有一学就会的天赋，参加学校组织的美术兴趣小组，常有作品被老师拿去张贴在画廊里展示。

在体育方面，他身材高大，酷爱足球运动，是学校足球队队员，还考上了厦门市少年之家足球队（培育厦门足球苗子的后备机构）。为了自己喜欢的足球，他还跑到中山路的新华书店买了一本关于怎样踢足球的书，回家后认真钻研，仔细琢磨。

1960年，林恒星进入厦门市第四中学。他发现除了唱歌、美术、体育之外，还有一个更加迷人的新天地，他开始"泡"图书馆、阅览室。中国名著《红楼梦》《三国演义》《水浒传》《西游记》《官场现形记》和外国名著《基督山伯爵》等，他一本一本地"啃"过去，像饥饿的人扑在面包上，有些章节还看了一遍又一遍，能如数家珍地背下来，绘声绘色地讲给别人听。

听相声成了他的一种嗜好。那时候没有电视，只能听电台广播，或者买书来看。相声大师侯宝林、郭全宝、郭启儒、马三立等人成了他的偶像，他们的段子如《关公战秦琼》《夜行记》《戏剧杂谈》《改行》《戏剧与方言》《逗你玩》等，他听一回笑一回，越听越上瘾。由侯宝林、郭启儒主演的相声剧《游园惊梦》，他看了一遍又一遍，还觉得没看够。

放学后或周末时，他喜欢钻到公园、码头等老厦门人聚集的地方"承澜湫"（承受唾沫星子），听老一辈人"练仙打叩，讲天叙皇帝"（聊天），或者到美仁宫第二市场的讲古场去蹭免费的方言讲古。这些地方都是闽南方言的"窝"，什么"掠龟走鳖""空嘴哺舌""倒尸烂骨"，什么"押鸡不成孵""多团饿煞爸""鸭蛋密密也有缝"，什么"虎头老鼠尾""细腻猫踏破瓦""狂狗食无屎"……最民间、最地道的闽南俚语、俗语结堆成团，浓得化不开，"一扫一簸箕"，让他流连忘返。

出于对音乐的爱好,他还无师自通,学会了吹口琴、吹笛子,还吹得有模有样。

1966年,林恒星高中毕业,却被"文化大革命"打碎了高考梦,成了"老三届"。

离开学校,成了一名社会青年后,他大部分时间都在当年开元区公园公社举办的劳动讲习所度过。

开办劳动讲习所的本意是把尚未安排工作的年轻人组织起来,培养成对社会有用的专业人才。这里有美术班、音乐班、毛选班、厨师班等。林恒星小时候练就的那些"童子功",这时候可派上了用场。他选择了美术班。在从工艺美术厂请来的李老师的指导下,他练就了一手举笔就能写出各种美术字的功夫,这一招在那个标语满墙刷的年代特别吃香。他还参加音乐班练歌喉,进一步练出了好嗓子,担任过组歌《红军不怕远征难》的领唱。

1968年部队征兵,是他这个年龄的人的最后一次机会。林恒星在市第一医院体检时,遇到了挑选闽南话播音员的中国人民解放军福建前线广播电台厦门前线广播站的陈斐斐。陈斐斐通过短暂的考察,认为他嗓音不错,就通知他与另一位女生去录音,后来试音顺利通过,却因体检不合格被刷下来了。他只好眼巴巴地看着那个女生穿上军装,走上对台广播之旅。

而自己的路在哪里呢?林恒星站在熙熙攘攘的街头,有点茫然,不知何去何从。他不知道,有一门叫答嘴鼓的艺术在前方等着他。命运的转折,往往在不经意中。今天没有发生,并不代表明天不会发生。而明天,很快就会到来。

▲ 林恒星17岁左右时留影

▲ 林恒星22岁左右时留影

筚路蓝缕

林恒星正式接触答嘴鼓是在1973年，他通过正式招工进入厦门市第二搬运公司之后。

答嘴鼓是流行于闽南和台湾地区的一种喜剧性的说唱艺术，其艺术特点是以韵语对话为形式，以语言的风趣、幽默及韵语的巧妙运用吸引听众。

答嘴鼓从民间走上艺术殿堂的时间虽然不长，但是在这个过程中，却凝聚了许多人的心血和不懈的努力。为答嘴鼓艺术做出最大贡献的有两位，一位是宋集仁，一位是林鹏翔。

宋集仁，1919年生，笔名兰波里，祖籍福建同安，台湾民间艺人。由于他在闽南方言文艺的创作与演播上的表现出色，以至于许多人只知道兰波里而不知宋集仁。20世纪30年代，他汲取闽台民间文学的养料，创造了四句联、方言故事诗和拍嘴鼓等艺术形式，创作了一些带有人物、情节，乡土气息浓郁的作品。1945年，宋集仁担任台湾"中国广播公司电台"闽

▲ 宋集仁

南话播音员，主持的《触嘴古》节目以辛辣的语言讽刺时弊，名扬岛外。20世纪50年代，他回到大陆后，先在中央人民广播电台[于2018年撤销建制，并整合中央电视台（中国国际电视台）、中国国际广播电台，组建中央广播电视总台]工作，后到福建省人民广播电台任编辑，继续从事闽南方言文艺节目的创作与演播。

在宋集仁的建议下，1971年，原名"拍嘴鼓""触嘴古""答嘴歌""接嘴鼓"的曲艺形式最终定名为"答嘴鼓"。"答嘴鼓"三个字也作为正式的条目，载入《普通话闽南方言词典》以及《中国大百科全书》的曲艺、戏曲卷等，在中国曲坛有了自己的一席之地。

林鹏翔，1927年3月出生于泉州。11岁时，父亲便撒手人寰。由于家境清贫，母亲只好托人把他送入开元慈儿院。这是一家由海外华侨捐助、泉州开元寺为孤儿及贫困家庭孩子开设的慈善机构。因毕业考试名列榜首，院方按惯例资助其进入晋江县中学就读。一年后，因抗战，侨汇中断，院方无力资助，遂辍学，他只好在闽南一带流浪。20世纪40年代末，他到上海一家商行当学徒。中华人民共和国成立前夕，跟着"头家"（老板）从上海运货到厦门，由于解放战争的炮火已迫近上海，回不去上海，他只好留在接货的"杨仔头"老板开设的货栈里干活。

▲ 林鹏翔

林鹏翔颇有艺术天赋，就把注意力投向拍嘴鼓。在他看来，这种以押韵的闽南方言进行对答的艺术形式，富于生活气息和地方色彩，有着广泛的群众基础。1951年12月，他任大同街道的文教干事及民校的教导主任后，就开始从事各种文艺形式的创作。1956年，林鹏翔大胆尝试，取拍嘴鼓"念四句"风趣、幽默的精华，弃其庸俗、粗俗的糟粕，用韵语创作了方言说书《五十年的变迁》。翌年，他又把方言说书的优点和戏曲插科打诨的特点结合起来，创作了方言相声《女队长》。

1958年，林鹏翔和宋集仁相识，并得到他的启发和帮助，将相声的优点引进拍嘴鼓，使之成为答嘴鼓的雏形。

受1959年"反右倾"运动影响，林鹏翔拉了15年的板车，却也得以接触形形色色的人物，体验了社会底层丰富多彩的生活。即使在这段艰难的岁月里，他也没有放弃对拍嘴鼓的改革与探索，断断续续创作了一些作品。

20世纪70年代中期至90年代初，是林鹏翔答嘴鼓艺术创作的高峰期。经过多年的大胆探索，他成功地吸收并运用北方相声的"说学逗唱"、组织"包袱"以及戏曲组织笑料等艺术手段，相继创作了《女司机》《庆新春》等一系列作品，并将这一形式正式命名为"答嘴鼓"。至此，原始的、初级形态的拍嘴鼓趋于定型并走向成熟，成为崭新的地方曲艺品种，受到海峡两岸人民的普遍欢迎以及专家学者的一致肯定。1991年6月，台湾宜兰举办了台湾省首届答嘴鼓比赛，推动了台湾地区的答嘴鼓艺术发展。林鹏翔的答嘴鼓选集和录音带，也被美国专家作为研究闽南语汇的重要参考资料。

1988年，在福建省答嘴鼓艺术讨论会上，与会专家、学者一致肯定："筚路蓝缕，创业艰苦，台湾宋集仁先生的倡导之功永志不忘；厦门林鹏翔先生身体力行，授徒、创作、演出，为这一曲种的诞生付出艰苦的劳动，其贡献是不可磨灭的。"数十年如一日身体力行，授徒、创作、演出，为这一曲种的诞生做出了卓越贡献的林鹏翔先生，因此被誉为"答嘴鼓艺术大师"，被中国曲艺家协会吸收为会员，并先后担任省、市文联委员，福建省曲艺家协会主席，厦门市曲艺家协会主席，厦门市南乐研究会副秘书长等职，同时，也当选为民革厦门市委委员，厦门市政协第五、六、七届委员。

2006年，答嘴鼓被列入第一批国家级非物质文化遗产保护名录，正式进入国家非物质文化遗产保护行列。

▲ 2006年6月，答嘴鼓入选首批国家级非物质文化遗产

言传身教

现在我们可以回头来讲林恒星与答嘴鼓的故事了。

1969年11月，林恒星背上行囊，奔赴上杭县才溪乡岭和大队溪水生产队，成了一名知青。这期间，他先后做过上杭县交通局桥工队民工、大队碾米厂负责人。

1972年8月，林恒星因为是烈属又是独子，得以作为照顾对象返回厦门，被临时安排在厦门铸石厂从事宣传工作。这期间，他开始创作诗歌、顺口溜等文艺作品，部分作品在主管局编的《建工简报》上刊登。

很快，幸运之神向他敞开了大门。1973年，林恒星通过正式招工进入厦门市第二搬运公司政宣部门，负责文化宣传工作。

厦门市第二搬运公司，简称"二搬"，1972年由多家运输社队归并而成，属集体所有制企业。公司员工里面，不乏能说会唱的文艺人才。1973年，在公司党总支书记方建怀的极力主张下，"二搬"组建了职工业余文艺宣传队，林恒星被委任为队长。

1974年底，公司筹办文化室，林恒星参与筹备工作后留在文化室工作，林鹏翔也彻底结束了15年的拉板车生涯，调到文化室上班。两人的办公桌面对面挨在一起，林恒星有了与林鹏翔这位闽南话语言大师近距离接触的机会。他看到林鹏

▲ 林恒星青年时期留影

▲ 林鹏翔赠送给林恒星的收徒礼《泉中歌谣集》（1929年出版）

翔整天不停地写、不停地说，被林鹏翔那满腹的闽南方言知识倾倒，更被林鹏翔那痴迷的敬业精神感染。有一天，林鹏翔问林恒星，对闽南地方曲艺有没有兴趣？林恒星马上听出了弦外之音，连忙说："我拜您为师吧！"当天晚上，在距公司不远的一家小餐馆里，两人就着几两地瓜酒和几碟小菜，权当拜师仪式了。林鹏翔送给林恒星一本上海泰东图书局于1929年出版的《泉中歌谣集》，书中收录了1929年以前泉州地区（包括厦漳地区）传唱的部分童谣。这份纪念品林恒星至今还珍藏着。林恒星就这样成了林鹏翔的开门弟子。

林鹏翔先是引导、培养林恒星对曲艺的兴趣。他拿来一些资料，让林恒星初步接触答嘴鼓知识。他告诉林恒星，艺术来源于生活，要想写好答嘴鼓，不仅要学纸上知识，还要做生活的有心人，要学会观察生活，多收集一些民间语汇，充实自己的语库，丰富自己的知识。

林恒星写答嘴鼓碰到的第一关是文字表达关。闽南话被戏称为"鸟语"，不仅难学，而且常常是有音无字，难以用文字表达。怎样将要表达的语音用闽南话的代表字写出来，常常令他抓耳挠腮，如普通话"这样"，闽南话写作"安尔"；"不怕"写作"呣惊"……好在工作时两人整天在一起，可以随时请教。林恒星由磕磕绊绊到慢慢熟悉再到熟练运用，一步步闯过了文字关。

押好韵，是写好答嘴鼓的又一基本功。初写者常遇到这样的问题，好好的一句话，就因为找不到合韵的字而住笔。林恒星初学时也常常为此犯愁，只好生拉硬扯，结果写出来的句子，韵是押上了，却生硬不自然，连自己都感到好笑。林鹏翔告诉他，同一个内容，可以这样写，也可以反过来那样写，这样，表达的意思一样又抓住了韵脚，千万不要为押韵而押韵，否则会把精华的东西丢掉，得不偿失。这一点，林恒星在创作《我明白啦》时就深受启发。《我明白啦》中有一段台词："这个问题甲我真大（给我很大）的提醒，今倚日（今天）如果我做司机，嗐！准是汁流汁滴……"其中，"汁流汁滴"一词，林恒星原来用的是"歹面"（不好现象），但"面"字押不上同一段话中的韵脚"i"，一时又找不到恰当的词来代替，踌躇了半晌。这时，林鹏翔轻轻地点拨了一句——可以用"汁流汁滴"来表达，轻松化解了这一难题。一个成语，看似信手拈来，简简单单，平平常常，却入韵上口，生动形象，让林恒星领略了师父深厚的语言功力。

林鹏翔常说，答嘴鼓的灵魂在于"包袱"的制造。"包袱"即笑料，没有笑料成不了答嘴鼓，笑料不好笑也吸引不了人。制造笑料，不能靠编，闭门造车写不出好笑料。有一次他带着大家在公司文化室楼下排练，排练场边是简陋的开水房，常有老鼠出没。休息时，一个队员进去取开水，很快里面就传出"吧嗒"声响。这人平时做事比较毛躁，大家一听就知道热水瓶盖掉地上了。林鹏翔开口却不是问掉了什么，而是问他，怎样，有抓着啊无（老鼠抓到没有）？大家都会心地笑了。一个小小的"包袱"，就把那个队员毛躁的性格刻画出来了。

林鹏翔还要求林恒星多看地方戏曲和相声节目，从中汲取营养、取得借鉴。有一年夏天，正是闽南做"普度"的日子，林恒星和厦门人民广播电台文艺部主任陈劲之受邀去林鹏翔家做客，来到惠通巷一幢数户人家合

▲ 林鹏翔讲解"包袱"的组织运用

住的老房子，踏上吱吱作响的木梯，走过狭长的楼道，进入林鹏翔住处，赫然映入眼帘的是一张临时搭起来的酒桌——桌子的一条腿用砖头垫着，边上一张不知从何处捡来的破旧沙发也是依靠砖头的力量顽强地支撑着。三个人边吃边聊。当谈到创作中笑料的组织时，林鹏翔乘着酒兴，侃侃而谈。他举例说，比如"孙悟空三打白骨精"这句话如何出笑料？你要是把它看成"打了三次白骨精"，就显得平淡无奇，你要是把它看成有"三打"的白骨精，这么一夸张，笑料就出来了。你想啊，一打十二个，三打不就有三十六个了吗？哇！不得了！孙悟空一下子就打了三十六个白骨精！对方说，无啦（没有啦），是打了三次白骨精！喜剧效果这不就出来了吗？

为方便林恒星学习，林鹏翔还对答嘴鼓创作的注意事项做了一番综合归纳整理：

一是认真学习，勤学苦练，特别是在"写"字上下功夫。

二是多学习和收集民间语汇，特别是多向这方面的行家请教；多学习一些理论性的东西，多思索细研究。

三是深入生活，学会观察生活，丰富社会阅历，为创作积累素材。

四是初学创作时如何处理押韵问题？可先用普通话把故事情节写出来，再改写成闽南话，最后再进一步考虑押韵问题，一步步提炼升华。

五是多看多听地方戏曲，如歌仔戏、高甲戏、嘉礼戏（傀儡戏）等，从戏曲人物的对白和唱词中，学习生动夸张的语言，为组织笑料提供参考。

六是多听相声，多看相声作品以及数来宝、顺口溜之类的曲艺作品，借鉴相声引人发笑的"包袱"。相声老艺人对如何组织好"包袱"总结的四点：提出问题、详细交代、巧妙岔开、一语道破，是经验之谈，值得借鉴……

林鹏翔就这样用涓涓滴滴的言行，润物细无声地把林恒星引入了艺术的殿堂。

1975年3月，厦门大学中文系着手准备编撰《普通话闽南方言词典》（以下简称《词典》）。为做好前期的语汇采集工作，闽南地区成立了12个语汇调查小组，林鹏翔是"二搬"这个组的副组长，林恒星是小组成员

▲《普通话闽南方言词典》业余编写组总结会议留影（四排左六：林恒星）

之一。这期间，林恒星接触到的是厦大中文系这些语言方面的专家、教授的专业知识，又广泛地接触和收集民间方言丰富的语汇，特别是谚语、歇后语、成语等，增长了不少知识，也对这份工作产生了浓厚的兴趣。他的答嘴鼓作品《谚语新编》就产生于这一时期，被刊登在厦门文化馆的刊物《群众文艺》上。

后来，林鹏翔受邀转入编写组正式办公。厦门大学领导特意将原来的旧礼堂腾出一层供《词典》编写组办公和开会使用，考虑到工作人员的休息，还特意摆了几张床铺。为了能全身心投入工作，林鹏翔把家里的被褥都带来了。那时林鹏翔虽然大多数时间在厦大，但常会挤出时间回公司，心中牵挂的还是文宣队的情况。因这阶段文宣队工作全部由林恒星一人承担，他心里过意不去，常问林恒星有什么需要帮忙的。

在"传帮带"的过程中，林鹏翔总是乐于把自己认识的、他认为今后可能对林恒星有帮助的人介绍给林恒星。这期间，他带着林恒星一起去鼓浪屿探望病中的黄典诚教授（《词典》编写组主要负责人），聆听老教授对语言学的独特见解，领略老教授平易近人的风采。林恒星的《我明白啦》写出来后，林鹏翔又带着他去找当时《厦门文艺》的编辑王尚政，力推林恒星和他的作品。后来，《我明白啦》刊登在《厦门文艺》1977年第20期上。此后，他又介绍林恒星认识了答嘴鼓大师宋集仁、芗剧（歌仔戏）一代宗师邵江海。这是后话。可谓其心拳拳，其情殷殷。

当年，"二搬"文宣队一年中有半年多时间在集中活动，演出的节目大多是自编的，而作品又大多是林鹏翔编写的。林恒星每天都在这种氛围中耳濡目染，又有林鹏翔在身边随时指点，创作的节目演出的机会又比较多，天时地利人和全占据，近水楼台先得月，进步不是一般的快。

"二搬"文宣队除了开展本公司的宣传教育工作之外，从1976年起连续三年参与全市交通安全宣传演出，每次集中演出都要历时半年以上。文宣队几乎走遍了厦门郊区的社队，频繁的演出既锻炼了队伍，又提高了演员的演出水平。杨敏谋、尤国栋等人接受了答嘴鼓及其他曲艺表演锻炼，为日后发展打下了坚实基础；林恒星创作的答嘴鼓作品《我明白啦》一炮打响，由杨敏谋、尤国栋两人在三年的交通安全宣传中连演二百多场。

▲ 文宣队演出

▲ 厦门市交通安全文艺宣传队全体同志留念

那时候，人们的文艺生活相当匮乏，近十亿人口只能共享几部电影几台戏，"二搬"文宣队的节目尤其是答嘴鼓，对大家来说无异于"山珍海味"。因此，文宣队走到哪里，哪里就万人空巷，台下人山人海，人头密密匝匝，不但招来了本大队的社员，还吸引了周边的群众，其拥挤程度相当惊人。许多人都是冲着答嘴鼓来的，每当报幕员报出答嘴鼓的节目时，台下观众总会一阵躁动，而每次演出结束后，都有戏迷跑来询问第二天的演出地点，好去"追戏"。

文宣队在集美后溪演出时还发生了这样一段有趣的插曲。这一天晚上，《我明白啦》演得正到好处，杨敏谋、尤国栋两个人妙语连珠"斗"得正酣：

尤：哦，迄（那）一日发生什么代志（事情）？
杨：迄一日伊载客要到梧村去，我看伊要经过每个交叉路口拢真（都很）注意。当要经过体育场的时，突然冲出一个坐脚踏车的同志，孤手援车（单手握住车把）又踩得凶死死。

尤：这个同志是手骨（胳膊）少一支（只）？

杨：无啦，伊一手捧一壶金鱼，胳下空（腋下）日光灯又夹一支，车后架还载一盆玫瑰花咧阵动献（摇来晃去）。

尤：嘿！正像咧（好似在）演杂技！

杨：好得老王伊事先有张池（防备），一面做好刹车的准备，一面将喇叭一按：嘀，嘀，细腻（小心）——

尤：嘿，喇叭还会讲话！

杨：那个坐脚踏车的同志，少年家脚手（手脚）敏捷真伶俐，下力一下弓（踩）就冲过去。真注死，对面一把大卡车开到伊身边，脚踏车煞家己（却自己）撞去找伊，哎哟，险死，迄个司机惊一个面仔青青，赶紧刹车，喇叭下力按："嘀，嘀，嘀，嘀，嘀嘀嘀，你要赴死野呣是（你是不是要找死）！"

…………

突然台下左后方传来一阵躁动，然后爆发出一阵哄笑，接着笑声一浪接一浪传到台上，盖过了演员的声音。台上的演职人员不明所以，脸上露出惊疑之色，面面相觑。后来，台下有热心的观众把话递了过来："有人掉进粪坑了！"原来，那时候农村的茅房比比皆是，看戏的人太多，有人为了占据"制高点"，就站到茅房顶上去看。殊不知这样很容易落入脚下的"陷阱"。一位农民兄弟因看得入神，一时大意，竟忘了脚踩险地，突然一脚踏空，跌落粪池，沾了一身"财气"（闽南人雅称粪便为"财"），引发一阵躁动。

答嘴鼓名声日振，在厦门掀起了一股风潮，席卷千家万户，也通过广播传到了周边的漳泉地区。人们对这个新兴的曲艺品种趋之若鹜，巴不得一睹为快。1977年、1978年两年，"二搬"文宣队几度"走出去"，到这两个地区交流演出，一时轰动漳泉，倾倒了两地观众，风靡了整个闽南。

"二搬"文宣队的做法也引起了高层的关注。1980年4月,由全国总工会、中央文化部举办的全国部分省市、自治区职工业余曲艺调演在北京举行。"二搬"党总支书记方建怀作为特邀代表出席了开幕式大会,以"渠疏水自流"为题介绍了"二搬"开展职工业余文艺工作的经验,博得满堂掌声。

▲ "二搬"宣传队赴泉州交流演出时于藏经阁合影

临时记者

1978年末，林鹏翔以海峡两岸节庆习俗为题材的答嘴鼓作品《庆新春》再次引发轰动，中央人民广播电台、福建人民广播电台、海峡之声广播电台相继播放。

1979年3月，"阳春布德泽，万物生光辉"。"中国东南花园城市"厦门春光灿烂，繁花似锦。

这一年元旦，全国人大常委会发布了《告台湾同胞书》，其中所宣告的实现祖国和平统一大业的大政方针，标志着新时期对台方针政策的重大转变。求本寻根、认祖归宗的活动成了对台工作的一项主要任务。3月的一天，中央人民广播电台台播部主编洪永固奉命来到厦门，林恒星和师父林鹏翔在公司文化室接待了洪永固及其随行蔡仁惠二人。

洪永固也是厦门人，讲一口地道的厦门话。他的开场白干净利落，让林恒星内心雀跃不已。他说，他们两人这次来的任务，一是到闽南各地采访，寻找与台湾血缘有关的人和事；二是核实各地上报的与台湾乡亲有关的报道稿；三是通过寻根认祖归宗的采访，采集更多的素材进行文艺创作，特别是答嘴鼓创作。他说，答嘴鼓《庆新春》春节播出至今，反响很好，深受海内外听众欢迎，他们想通过这次活动再创作出好作品，所以想借用林鹏翔和林恒星，二人以中央台临时记者的身份，一起参加采访。

事关重大，得请示公司领导。于是林恒星和林鹏翔带着洪永固二人前往公司找方建怀书记。一听介绍，方建怀立即表示欢迎和全力支持中央台的工作，并通知公司几位领导到场，同时提出两点要求。在公司党总支办公室，林恒星和林鹏翔接受了双重任务：一是努力协助中央台完成这次采访任务，尽地主之谊；二是把采访收集的资料转化成好作品，为我所用。于是，洪永固带领蔡仁惠和林恒星、林鹏翔以及厦门人民广播电台文艺部的苏雪美，一行五人，开始了长达50天的"唐山过台湾"的采访之行。

采访第一站是泉州。采访团一行乘车来到了高岭村。在高岭村祠堂，村里的族长热情地接待并接受了他们的采访。这些采访内容，后来都被写进了答嘴鼓《唐山过台湾》。随后，老人让人请出村里那两根承载着60多年风风雨雨、寄托着乡亲们对海那边亲人的思念、平时不让人随意乱动的轿杠，擦了擦，饱含深情地说了句："都60多年了，什么时候两边才能来往呀？"在场的人无不动容。

在龙湖乡粘厝村粘氏大宗祠堂，采访团一行见到了粘氏家族保存完好的族谱。据记载，乾隆年间，海禁开放，粘粤、粘恩兄弟自衙口渡台，成为台湾彰化福兴乡粘村开基祖，又有粘尚带妻子经商往台湾，为福兴乡顶粘村开基祖。热情的粘氏乡亲讲述了台湾粘氏寻找族谱的故事。这段精彩的故事后来也成了林鹏翔写《唐山过台湾》的宝贵素材。

采访的路上，他们经常能听到答嘴鼓《庆新春》的录音广播。洪永固说，《庆新春》自中央台（现为中央广播电视总台）春节播放至今，效果极佳，反响很好，常接到海内外听众打来的电话，询问是否可以拿到节目的录音带，可是由于各种条件限制无法满足听众要求，十分遗憾。

下一个目的地是晋江的南安。采访团一行从晋江县招待所转回泉州晋江地区招待所。第二天上午，洪永固往晋江地委办事，蔡仁惠和苏雪美两人在整理采访录音，林恒星和林鹏翔在整理采访时收集的资料，突然听见服务员的声音："请问中央台的同志，哪位是林鹏翔？有客人拜访。"

"哦，我就是林鹏翔，客人是谁？"林鹏翔说。

"他说告诉你他叫兰波里你就知道了。"

"呀！是先生来了！"林鹏翔放下手中的资料，高兴得叫出来。

他立刻招呼林恒星："来，我带你去认识一位台湾过来的老前辈。"

春光明媚，微风荡漾。招待所的小花园里，站着一个瘦高个儿老人。早春的天气还有点寒意，老人家身披风衣，手持文明棍，脸带笑意，面目安详，气质儒雅，风度翩翩。

林恒星觉得这人似曾相识，一时又想不起在哪儿见过。

林鹏翔立即迎上去，两人相视而笑。

这是两位答嘴鼓大师的历史性会面。两位大师的对话，好似武林高手过招，让林恒星目瞪口呆，叹为观止。

只听兰波里说："老人头崎崎（歪歪），洞葛（手杖）举一边。"

林鹏翔答："地主笑嘻嘻，烧酒已款备。"

"这位后生家是……"（指林恒星）

"我来介绍一下，这位与我同姓林……"

"恁（你们）是本家，五百年前相（同）一家人。"

"……伊甲（和）我同一个单位，对答嘴鼓真有兴趣，野真（也很）认真学习，已经有作品发表，请前辈多多牵成（提携）。"

"稳当（肯定）是你的学生，真好，真好，后继有人学答嘴鼓，呣免（不用）咱烦恼，呣免咱烦恼。"说罢两人拊掌大笑。

林恒星连忙说："还请老前辈多多指导。"

兰波里说："咱同齐（一起）向鹏翔师学，抑佫（还）是伊恰（更）有法度（办法）。"

说罢大家又是一阵欢笑。

林恒星这才想起，其实早在1977年夏天，他就见过兰波里。

那一年夏天，八一电影制片厂导演张加毅（歌曲《草原之夜》歌词的作者）带领摄制组来厦门拍摄反映海峡两岸人民同根同源同宗的纪录片《在阿祖的故土》，需要会唱芗曲的群众演员，经市宣传部门介绍找到了"二搬"文宣队。在约定的时间地点，摄制组和"二搬"文宣队成员一起乘船上了鼓浪屿码头。与摄制组同来的有一位新华社的女同志，还有一位就是兰波里。林恒星当时只闻其名，不见其人。师父林鹏翔虽然曾经多次提起"兰波里"这个名字，却没有说过他真名叫宋集仁，所以当兰波里告诉林恒星他叫宋集仁的时候，林恒星并没有把他与师父经常挂在嘴上的兰波里联系起来，错失了一次当面向大师请教的机会。当时宋集仁还问林恒星，怎么没看见鹏翔？林恒星说，他去厦门大学参加《词典》编写工作没来。过后林恒星一直后悔，怎么就没多问一句老师是怎么认识林鹏翔的？

正值凤凰花开时节，一树一树的凤凰花开得正艳。花影之下，摄影有条不紊地进行："……30年前搭船走，向东看过澎湖沟，凤凰花开红透透……"一曲海峡两岸人民熟悉的"七字调"带着浓浓的乡音、深深的乡情，随着夏日的海风、鼓浪的碧波传向海峡彼岸。

这首词的作者就是宋集仁。

山到出名毕竟高。看着两人见面寒暄，也是出口成章，好像在讲答嘴鼓，林恒星想，两人这艺术功底，得有多深？这艺术修养，得有多厚？怪不得师父林鹏翔以前常说有机会就把兰波里介绍给他。兰波里为人谦虚、风趣，回话时对方说的每一句话都有办法押韵，对答方式别具一格，对答功力非同一般，令林恒星听了浑身通泰，眼界大开。他鼓励林恒星深入生活，好好学习，期望他有好的成绩和出色的表现……

谈到此次采访，兰波里认为机会难得，要好好利用这次机会收集素材，创作出更好的作品。说到《庆新春》，兰波里赞赏有加，对中央台播出后所达到的效果感到满意，同时也提出自己的看法。林恒星深度领略了兰波里的魅力与独特风采，他注视着大师，专心倾听，生怕错过一句话一个字。

一路上，林鹏翔的大脑和双手都没有闲过。白天采访、收集资料，晚上整理白天的收获，但更多的是进行构思与创作。进入晋江采访之前，他的一篇答嘴鼓作品《灭鼠记》已在着手酝酿，在外出这段时间，他利用晚上完成了初稿，然后又投入《唐山过台湾》的构思。有时，他虽以探讨的语气和林恒星交谈，但林恒星知道，师父这是在考察他，也是在引导他，既传授了知识，又照顾了他的自尊。

▲ 林恒星做临时记者时在泉州开元寺东西塔留影

此后，采访团一行还参观了泉州海外交通史博物馆、开元寺、南安诗山、晋江石井郑成功文物遗址以及漳州龙海的白礁慈济宫。在白礁慈济宫，林鹏翔收集了不少资料，这些资料后来成为他创作答嘴鼓《吴真人》的素材。

在漳州龙溪地区招待所时，刚好是雨天，他们没出去采访。林鹏翔对林恒星说："我带你去认识一位老前辈。""谁呀？""邵江海。他现在在漳州亲戚家养病。"邵江海，闽南戏曲界大名鼎鼎的芗剧一代宗师，林恒星早有耳闻，没想到师父也和他这么熟，真是"谈笑有鸿儒，往来无白丁"。林鹏翔还告诉林恒星，他这辈子有两个忘年交，一位是兰波里，林恒星已在泉州认识了，还有一位就是邵江海老前辈。这让林恒星再次感受到师父的良苦用心，此前师父带着他认识黄典诚教授、王尚政编辑的画面瞬间又涌入他脑海。师父毫无保留地将这些老前辈介绍给他认识，也竭力向他们推荐他，如此深厚的爱，他一时不知如何报答，只是在心里一再告诉自己，努力再努力，学习再学习，不能辜负师父的厚望。

冷雨淅沥，春寒料峭。两人冒雨受寒，几经打听，最后在一座陈旧的老房子里找到了邵江海的暂住地。邵江海一副形销骨立的模样，动作迟缓。他一见林鹏翔急着想迎下来，林鹏翔却先迎了上去，四只手紧紧地握在一起，久久不放。林鹏翔同样把林恒星介绍给邵江海。与兰波里一样，邵江海对闽南曲艺后继有人感到欣慰，同样给了林恒星许多勉励，充满厚爱与期望。

"唐山过台湾"的采访工作历时一个多月，林恒星在思想、工作、生活体验、艺术创作诸方面，都有很大的收获。

不久，林鹏翔的答嘴鼓《唐山过台湾》就传遍了海峡两岸，接着又马不停蹄地创作了《中秋月圆》。林恒星的答嘴鼓作品《咱厝人》也被中央人民广播电台作为文艺资料存档，另一篇答嘴鼓作品《探亲》及芗曲说唱《难忘的四小时》参加1980年市总工会、团市委举办的市职工曲艺调演，双双获创作、演出一等奖，由中央人民广播电台、厦门人民广播电台及福建前线广播电台录播。

笔耕不辍

聚散离会终有时,历来烟雨不由人。

1982年2月,"二搬"拆分出一个公司——白鹤客运公司。这是改革开放以来厦门与香港合资的第一个客运公司。党总支书记方建怀调回市交通局,后调任厦门市政府口岸办公室副主任。厦门市第二搬运公司更名为"厦门市交通运输公司",林恒星调任公司车队工会主席并分管安全工作。1982年3月,林鹏翔通过落实政策正式调入厦门市文化馆。运作了9年之久的"二搬"文宣队就此解散。

▲ 2013年,原"二搬"宣传队部分队员30年后相聚金榜山(二排右二:林恒星)

林恒星 曲艺家

  1985年，厦门市交通运输公司组建厦门市华兴贸易公司，林恒星被派任经理。

  工作岗位的变换，使得他离答嘴鼓越来越远；职务的提升，让他越来越忙碌；行业的不同，使他的创作有"不务正业"之嫌，但林恒星一直没有放弃艺术创作。这期间，他创作了答嘴鼓《喜相逢》，诗歌《八角楼的灯光》《南湖之晨》，三句半《划痕行路》，芗曲说唱《鹭岛儿女》等作品，还应开元区公园街道的要求，创作了方言说书《警钟长鸣》等。1982年4月，他当选为厦门市曲艺家协会理事，此后连任多届理事、常务理事。1988年，他的答嘴鼓作品《探亲》被收录在中国唱片公司出版发行的磁带《林鹏翔答嘴鼓选集（二）》中。1989年，《我明白啦》被收录在厦门音像出版社（现厦门文广影音有限公司）出版的《为了您和他人的幸福》磁带中，厦门交警支队将其作为教材，供全市驾驶员一人一盒学习使用。

▲ 答嘴鼓作品《我明白了》（原名《我明白啦》）作为厦门市交通人民警察支队学习教材

▲ 林恒星答嘴鼓作品《为了您和他人的幸福》被编为厦门市交通人民警察支队学习教材

1989年，林恒星出任厦门市悦丰化工厂厂长。从1990年开始，他参加了6届由中央人民广播电台举办的《海峡情》征文颁奖大会（共9届）、首届《四海华文笔汇》评选颁奖大会，先后受到时任国务院副总理吴学谦、时任全国人民代表大会常务委员会副委员长王光英、时任中华全国台湾同胞联谊会会长张克辉等领导人的接见。

▲ 林恒星参加第九届《海峡情》征文、首届《四海华文笔汇》评选揭晓暨颁奖大会留影

▲ 1991年夏天，林恒星（中）与答嘴鼓大师林鹏翔参加由中央人民广播电台举办的《海峡情》厦门笔会

上左：第四届《海峡情》征文颁奖活动邀请函
下左：第五届《海峡情》有奖征文评选揭晓颁奖大会邀请函
上右：第六届《海峡情》有奖征文海峡两岸和海外企业界人士座谈会邀请函
下右：第九届《海峡情》征文和首届《四海华文笔汇》评选揭晓暨颁奖大会邀请函

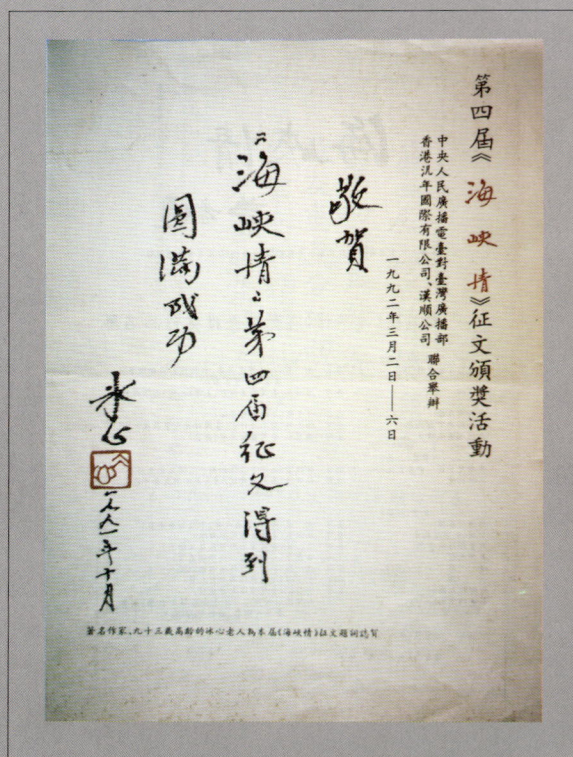

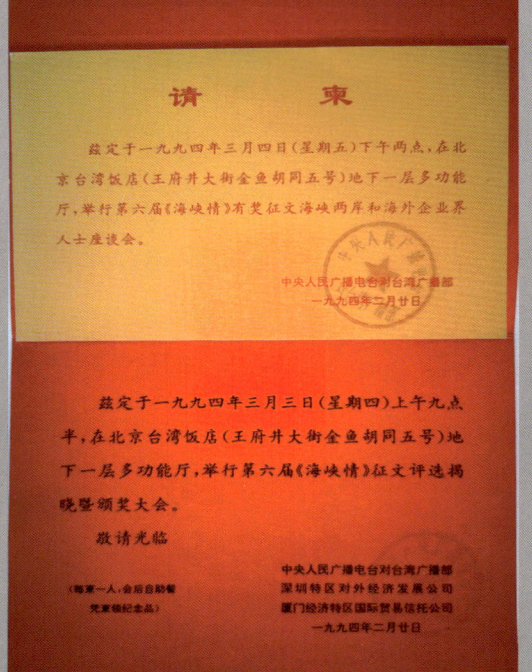

这期间，他创作的《刮民党》《考验》《两代人》等答嘴鼓作品被中央台作为文艺资料存档，以1977年夏"二搬"文宣队参与拍摄、反映海峡两岸亲缘的大型纪录片《在阿祖的故土》经历为题材的散文《阿祖的故土》获《海峡情》应征作品三等奖。

2003年，林恒星调任厦门市永弘工贸有限公司经理，直到2008年退休。

这期间，他仍然笔耕不辍，创作了《市声》《答嘴鼓，你好》《心愿》《搞分裂无出路》《爱嘴齿爱家己》《新头衔》《为保平安》等答嘴鼓作品，还创作了一部分三句半、锣鼓词、芗曲说唱、方言说书、方言对口词等其他曲艺作品。

他的作品，在题材选择上，注重反映广阔的社会生活，有戏曲曲艺方面的（如《唱念白》《念四句》《谚语新编》等），有市井民俗方面的（如《市声》《迓城隍》《庆新婚》等），有社会新风方面的（如《三措施》《原来如此》《我是厦门人》等）……社会生活丰富多彩，人间万象千奇百怪，生活中无处不在的真善美、假恶丑，成了他取之不尽、用之不竭的题材。

▲ 2011年6月4日，《厦门晚报》刊登关于答嘴鼓《普通一兵》的报道

题材只要选对了，大多很好发挥，比较难写的是那些配合中心工作的题材，如果处理不当，写成押韵的对话或表扬信，不但起不到宣传教育作用，反而让人起逆反心理。对此，林恒星的做法是，从固定的题材中去寻找技巧。

　　2011年至2013年，厦门市委宣传部、市文明办举行第五届至第七届厦门市和谐邻里节暨道德模范故事巡演，要求林恒星配合创作相关作品。第五届邻里节，要表现的是武警厦门支队第十二中队，突出的人物是中队长张军，给的材料只是一纸事迹介绍。主题明确，人物正面，话题严肃，怎么办？经过一番酝酿思考，林恒星渐渐找到了感觉，厘清了思路。答嘴鼓《普通一兵》一开始，他先来了一段厦门人熟悉的歌仔戏"七字调"调动观众的情绪：

　　甲：消防战士真光荣，抢险救灾为人民，只要110下命令，随时出发"大食大淋"（大吃大喝）。消防战士……

　　在熟悉的"七字调"中，突然冒出了与观众心理期待反差极大的"大食大淋"，悬念上来了，"包袱"也上来了。接下去，就是解"包袱"的过程：

　　乙：停，停，停，你的唱词若亲像（好像）神经去接呣（不）对爿（边）？
　　甲：稳是你的耳空去互（给）燕子做窝听굣(不)清！
　　乙：当无（不然），你将唱词读一遍，互逐个（给大家）听分明。
　　甲：好，听来！消防战士真光荣，抢险救灾为人民，只要110下命令，随时出发"大食大淋"……
　　乙：停，停，停，着（就）是这句我咧（在）搞굣(不)清，什么叫作"大食大淋"？
　　甲：是安尔（这样）？好！当（那）我问你，消防战士的任务是什么？

乙：人民的利益心中记，抢险救灾无推辞。

甲：着（对）！无管任务大细好歹支（轻松或困难），阿是（还是）困难大甲挂天（大得顶天），是呣是拢甲食落去（都要吃下去）？

乙：是，是安尔！

甲：挂着（遇上）火烧用水时，消防车是呣是无管有偌侪（多少）水拢甲啉落去（都得喝下去）？

乙：无错，确实是安尔！

甲：既然是安尔，是呣是"大食大啉"无客气？

乙：哦？原来是安尔！

看到这里，观众无不会心一笑。作品就这样在轻松活泼的对答中一步步展开，反映了消防战士救火的艰辛，体现了他们高昂的斗志和英勇的精神。从观众反应看，演出效果还不错。这使他认识到，只要抓住主题，不拘泥于事件本身，思路放宽点，语言丰富点，生活化的东西多一点，这类题材也可以写得出彩，得到认可。

有了这一次实践，以后两届邻里节，写残疾劳模侯斌的《爱拼才会赢》、写司机劳模谢清洲的《我是厦门人》，以及后来写反腐倡廉、歌颂美丽厦门的《加水加豆腐》《三措施》《优生优育是关键》《美丽大同共缔造》《规定》等，他都感到得心应手了。

作品写好了，在林恒星这里还不算完事，还有后续工作要做。每一届邻里节巡演期间，只要有时间，他还要亲临现场观看、录像，看一看市民对答嘴鼓表演的反应，回去后和演员一起观看录像，寻找表演中的不足，不断完善。

辛勤的耕耘，带来的是沉甸甸的收获。

在答嘴鼓的艺术创作及理论研究上，林恒星不断自我学习提升，成果卓著。至今，林恒星已创作数百篇答嘴鼓、讲古作品，这些作品发表在《厦门文艺》《厦门日报（副刊）》等报刊上，频繁出现在舞台上，甚至是领奖台上。特别值得一提的是，1979年，福建省台胞演出队参加全国调演的12个节目中有6个是他创作的，其中有锦歌、芗曲说唱等3个节目获奖。2000年，他为中央人民广播电台提供有关闽南地区民间习俗资料及民间故事50多篇。2011年，他的厦门说书《王永庆传奇的一生》60回15万字，一韵到底，先在厦门卫视，后在厦门"闽南之声"播放，再由中央人民广播电台对台播放，创造了中央人民广播电台对台广播有史以来故事章回最多、文字最多、演播时间最长的纪录。2020年12月22日上午，我国与马来西亚联合申报的民俗文化活动"送王船"被联合国教科文组织列入《人类非物质文化遗产代表作名录》，受厦门市文旅局邀请，林恒星创作的群口答嘴鼓《送王船》参加了中马"送王船"联合申遗成功专场演出，庆祝"送王船"申遗成功。

▲ 林恒星作品群口答嘴鼓《送王船》剧照

▲ 林恒星指导表演《送王船》并与演员合影（左起：陈旭、肖毅容、林恒星、郑见、李志勇）

其答嘴鼓作品，更是获奖无数。

择其大者，曾有一件作品连中多元。

答嘴鼓《市声》，先后获厦门市答嘴鼓征文评比一等奖、厦门市第五届群众文化艺术节银奖、福建省第四届曲艺节节目二等奖、第五届厦门文学艺术奖优秀作品二等奖。这个曲目还被中央人民广播电台录播，并到我国台湾和马来西亚展演。

答嘴鼓《误会》，先后获福建省文联、省文化厅主办的"说唱声声颂党恩"福建省庆祝中国共产党成立90周年曲艺创作征文优秀奖、厦门市第五届群众文化艺术节调演银奖、第二届"和平杯"全国曲艺邀请赛优秀奖。

答嘴鼓《唱念白》，在厦门市第六届答嘴鼓调演中获表演一等奖，参加由中国文联、中国曲艺家协会、福建省文联、全国公安文联共同主办的国台办对台交流重点项目"2013海峡两岸欢乐汇"优秀曲艺节目展演并获二等奖，获第五届厦门文学艺术奖优秀作品三等奖，由福建电视台录播。

答嘴鼓《显摆》，先后获第十三届厦门市曲艺征文暨调演一等奖、首届福建省"丹桂奖"曲艺大赛二等奖。

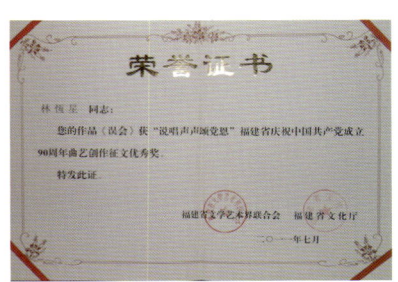

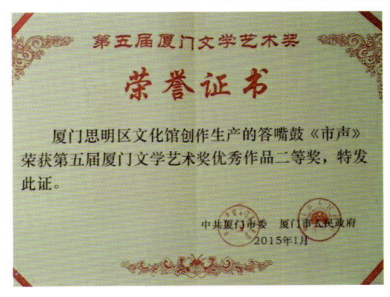

▲ 上左：2008年10月，林恒星作品《市声》获厦门市答嘴鼓征文评比一等奖
上右：2011年7月，林恒星作品《误会》获"说唱声声颂党恩"福建省庆祝中国共产党成立90周年曲艺创作征文优秀奖
中左：2012年12月，《市声》获福建省第四届曲艺节节目二等奖
中右：2013年11月，林恒星创作的答嘴鼓《唱念白》获得"2013海峡两岸欢乐汇"优秀曲艺节目展演二等奖
下左：2015年1月，《市声》获得第五届厦门文学艺术奖优秀作品二等奖
下右：2015年1月，林恒星创作的答嘴鼓《唱念白》获得第五届厦门文学艺术奖优秀作品三等奖

曾在一次比赛中一人获奖多项。

厦门市第六届答嘴鼓调演（2013），他创作的作品约占参赛节目的三分之一，其中三个节目分获表演一、二、三等奖。

在福建省历届"丹桂奖"曲艺大赛中，林恒星的答嘴鼓作品更是屡屡获得佳绩。

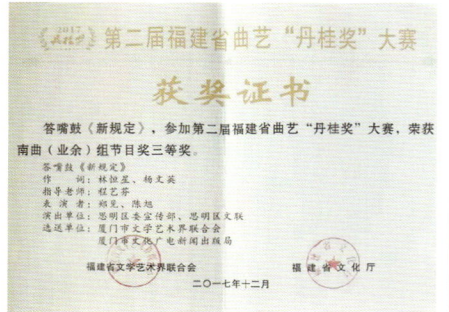

▲ 2017年12月，答嘴鼓《新规定》在第二届福建省曲艺"丹桂奖"大赛中获得南曲（业余）组节目奖三等奖

▲ 2021年6月，答嘴鼓《牛年说牛》在福建省第四届曲艺"丹桂奖"大赛厦门赛区活动中获得二等奖

除了创作之外，他还亲自上场演出答嘴鼓和讲古。从2017年起，他开始组织并主持鹭江老剧场的"闽南曲艺汇"答嘴鼓专场演出（每月一场）和讲古活动（每周一场）。

随着获奖作品的增多，各种荣誉、头衔纷至沓来，降临在林恒星头上，他迎来了一个又一个"高光"时刻。

1980年9月，被厦门市总工会评为"厦门市工会优秀积极分子"。

1997年6月，名字被收入《中国曲艺界人名大辞典》。

2009年12月，当选厦门市通俗文艺研究会副会长兼秘书长。

2010年1月，获"中国通俗文学艺术终身成就奖"。

2010年9月，被厦门市人民政府命名为"厦门市非物质文化遗产保护项目答嘴鼓代表性传承人"。

2011年10月，名字被收入《中国文学艺术家名典》。

2011年12月，当选福建省通俗文艺研究会副秘书长。

小 传

▲ 左上：林恒星获得中国通俗文学艺术终身成就奖
　右上：2014年5月，福建省人民政府命名林恒星为福建省第三批非物质文化遗产保护项目《厦门答嘴鼓》代表性传承人
　右中：林恒星被选为福建省省级非物质文化遗产保护项目代表性传承人
　下：2010年，中国通俗文艺研究会六届二次理事扩大会暨中国通俗文学艺术终身成就奖颁奖大会合影（三排右七：林恒星）

2012年5月，当选厦门市曲艺家协会答嘴鼓专业委员会常务副会长兼秘书长。

2012年10月，加入中国曲艺家协会。

2014年5月，被福建省人民政府命名为"福建省第三批非物质文化遗产保护项目《厦门答嘴鼓》代表性传承人"。

2015年5月，当选中国通俗文艺研究会常务理事。

荣耀接二连三，鲜花掌声不断，这是对辛勤耕耘者的至高回报。

薪火存续

时光翩跹，岁月缱绻。2008年2月，林恒星退休了。

退休，是他人生的分水岭，也是他艺术生涯的新起点。

打一离开工作岗位，他便把更多的精力投入答嘴鼓艺术事业，把传承答嘴鼓当成他的新工作。他说，对他来说，这就是不忘初心。"随着城市化进程和外来文化的影响，人们的生活娱乐方式的改变，做好保护和传承答嘴鼓艺术历史性地落在了我们这代人的身上。我们要有强烈的使命感，不管个人力量如何渺小，创作水平如何有限，也要倾尽所有去扩大答嘴鼓的影响，在非物质文化遗产传承道路上当好一名火炬手。"

为弘扬答嘴鼓艺术，林恒星创办了厦门龙的传人文化艺术有限公司，搭建起了第一个答嘴鼓保护传承平台。

林恒星认为，传承答嘴鼓，要从娃娃抓起；答嘴鼓走进课堂，也是抢救闽南方言与文化重要的一步。下面是2011年以来，经常在厦门实验小学课堂上出现的新奇一幕。

"狗仔甲猴仔过沟仔（狗与猴子过水沟）。"2011年3月5日下午，厦门实验小学30多名小学生一边读一边笑，闽南话的绕口令弄得他们有些晕。这是本学期该校答嘴鼓课外兴

▲ 林恒星中年时期

▲ 2018年，厦门市非物质文化遗产保护中心聘请林恒星为"闽南文化走透透"暑期夏令营答嘴鼓分营营长

林恒星　曲艺家

趣小组的第三节课。讲授答嘴鼓课程的老师，便是林恒星。

这一天的课程名为"练嘴舌"，林恒星教孩子们用闽南话说绕口令，比如这句"狗仔甲猴仔过沟仔"，由于"狗、猴、沟"这三字闽南话有些同音，因此读起来很绕口。

林恒星说，答嘴鼓是用闽南方言来表演的，要学习首先得懂闽南话。因此他的实际授课内容包括"练嘴舌"的讲古、顺口溜、闽南童谣等。他说："发音准、咬字清晰、速度快，嘴舌灵活，表达伶俐，这是学习答嘴鼓的要求之一。"

除了小学课堂之外，在各种答嘴鼓培训班、研习班、夏令营，都可以见到林恒星的身影。

▲ 上左：2011年，福建省曲艺创作培训班合影（四排右五：林恒星）
　 上右：2014年，厦门市第二届文艺创作培训班合影（三排右六：林恒星）
　 下左：林恒星在答嘴鼓创作研习讲座上讲课
　 下右：厦门市中学生夏令营合影（一排左二：林恒星）

2015年,他又与鹭江街道大同社区在老剧场文化公园大同书院设立公益性闽南曲艺班答嘴鼓课堂。

林恒星认为,和一水之隔的金门乃至台湾地区开展答嘴鼓艺术交流,是答嘴鼓得以保护和传承的一个重要举措。他在一篇题为"略谈答嘴鼓艺术在两岸交往中的传承与发展"的论文中这样写道:"随着不断升温的两岸文化交流趋势的到来,答嘴鼓艺术的传承和发展有待新的提升,所以应充分利用两岸人民语言相同的优势,在独特的史缘久、地缘近、血缘亲、语缘通、文缘深、俗缘同、商缘广、神缘正的关系上,有计划地开展答嘴鼓艺术交流活动,在加强合作的同时,取长补短,发挥各自优势和特点,共同探讨和研究,为使答嘴鼓艺术这朵耀眼夺目的奇葩越开越盛而努力奋斗。"

2010年5月,厦门答嘴鼓首次以文化交流研讨的形式走进金门,林恒星应邀带队参加了在金门大学举办的2010海峡两岸节庆文化与观光学术研讨会,在会上做了《略谈答嘴鼓艺术在两岸交往中的传承与发展》专题发言,首次把答嘴鼓艺术的理念带到彼岸,并以答嘴鼓《市声》做示范表演。后来,论文刊登在金门县政府、金门大学主办的《2010金门迎城隍》刊物上,时任金门县长李沃士为之题词"答嘴鼓真正赞"。之后8年间,林恒星每年都应邀带队到金门进行文化交流,还应金门方面的邀请创作了《迓城隍》《有好相报》等4个作品,扩大了答嘴鼓艺术在金门乃至整个台湾地区的影响。此外,他还与金门县文化局携手在金门浯江书院举办金门首届答嘴鼓培训班,使得答嘴鼓这项国家级非物质文化遗产在海峡对岸亦获得传承与发展。

▲ 2010年,海峡两岸节庆文化与观光学术研讨会合影(一排左七:林恒星)

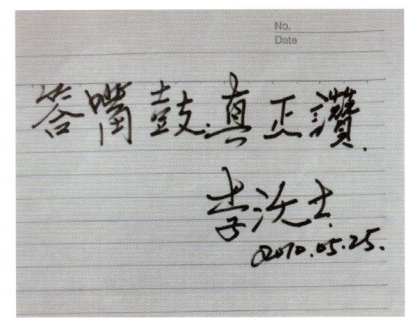

▲ 上：2010年，林恒星在海峡两岸节庆文化与观光学术研讨会上发言
下左：林恒星在"2010金门迎城隍——海峡两岸节庆·文化与观光学术研讨会"中担任专题发表人获得的感谢状
下右：时任金门县县长李沃士为答嘴鼓题词

  2012年中秋节，林恒星创作的答嘴鼓《中秋博饼》由厦门广电集团在鼓浪屿日光岩向全球现场直播，该作品还作为文化交流节目多次在金门演出。

  退休以后，他总是考虑一个问题：众人拾柴火焰高，怎样才能把各级传承人及爱好者群体组织起来，通过众人的努力让答嘴鼓这门艺术更有效地传承发展？他想，有个名正言顺的组织和能够发挥作用的平台才好。因此，他想到出资并牵头创办一个以恩师林鹏翔的名字命名的答嘴鼓艺术传习中心的办法，组织一支由国家、省、市、区四级代表性传承人及群体组成的队伍，开展答嘴鼓、讲古艺术研讨、创作、表演。

成立一个机构谈何容易！光烦琐的手续就足以让林恒星磨破嘴皮，跑细腿。他先是写信给各传承人及爱好者群体，说明创办传习中心的目的、意义，获得大家认同、加入，再按照相关规定和程序组成理事会，上报获批。因其他人员事务在身抽不出时间，林恒星几乎承包了所有工作：从上报业务主管部门厦门市文化广电新闻出版局（现为厦门市文化和旅游局）获取批文，到找市民政局办理审批手续以及后来的刻制公章、设立财务、申办银行账户、组织前期的各种大小会议、拟定相关决议文件、设立各种规章制度等，忙得几乎脚不沾地。

创办过程得到了多方的支持与关照。时任鹭江街道大同社区主任、区级答嘴鼓代表性传承人肖毅蓉为中心提供了注册地，时任厦门市文化广电新闻出版局黄天福处长与思明区各级领导协商，将老剧场文化公园大同书院作为答嘴鼓传承基地。2017年6月10日，全国第十二个"文化和自然遗产日"这天，厦门市鹏翔答嘴鼓艺术传习中心挂牌成立。

2017年以来，林恒星创作了答嘴鼓《讲话用字》《口误》《沟仔稀饭》等数十篇作品，作为每年暑期夏令营答嘴鼓培训班的教材及参赛作品，2021年又新增了厦门市青少年电视讲古大赛入围选手决赛前辅导班。

此后，每年暑期，老剧场文化公园大同书院就飘荡着孩子们学习答嘴鼓、讲古的清音，活跃着孩子们舞动折扇的身影。夏令营培训班分若干个班，由老师分工进行答嘴鼓、讲古、折扇教学。老师除了林恒星，还有答嘴鼓国家级代表性传承人杨敏谋，国家二级演员杨彩敏，答嘴鼓省级代表性传承人尤国栋、李小航，讲古省级代表性传承人邵鼎辉，答嘴鼓区级代表性传承人肖毅蓉、郑见等。答嘴鼓、讲古属于语言艺术，学习答嘴鼓和讲古，首先要会讲一口标准的闽南话，而参加培训班的孩子有的来自岛内，有的来自岛外的集美、海沧，由于地域差别，有时同一个字，发音千差万别（甚至在思明区的不同区域也是如此），有的则发音不准，这给教学带来了极大的难度。老师们只能从基础入手，从点滴做起，一个音一个音地纠正，一句话一句话地教。为了帮助孩子们学习，又教孩子们给读不准的字注音，把老师教的句子录音，带回去反复听、反复读。过了语言关，再进入语气、语调、节奏、表情、肢体等环节的教学。

林恒星　曲艺家

▲ 上左：林恒星在厦门市鹏翔答嘴鼓艺术传习中心讲古、答嘴鼓培训班授课
上右：厦门市文化局（现厦门市文化和旅游局）领导向厦门市鹏翔答嘴鼓艺术传习中心授牌
下左：厦门市鹏翔答嘴鼓艺术传习中心进行作品研讨、创作、演出等交流
下右：林恒星与大同社区共办答嘴鼓课堂，被《厦门日报》报道

　　孩子和家长们对艺术的认真与虔诚让老师们感动。有的孩子连续几年参加培训，把答嘴鼓、讲古、折扇学了个遍；有的孩子中午1点多就自己坐公交车从集美过来；有的家长自驾陪读，中午就自带席子在教室里打地铺。思明区第二实验小学的洪煜程同学，2018年开始连年参加培训，之后连续4年参加全市青少年讲古电视大赛，年年获奖（二、三等奖各两次），2020年参加对台云直播，同年10月，他被杨敏谋收为入门弟子。孩子们的节目有的参加厦门卫视讲古栏目录制，有的参加海峡两岸读册歌比赛，有的参加市青少年讲古电视大赛，还有的登上省"丹桂奖"青少年曲艺大奖赛的舞台。

▲ 林恒星（右一）与答嘴鼓培训班部分学员在2022年讲古·答嘴鼓夏令营汇报演出后合影

▲ 林恒星（左一）与折扇培训班学员在2022年讲古·答嘴鼓夏令营汇报演出后合影

培训班每年都要举行结业仪式，发结业证书、荣誉证书，举行汇报演出，满满的仪式感更加激发了孩子们的学习兴趣与热情。

在答嘴鼓、讲古的表演中，往往会看到有的演员手上拿着一把折扇，但大多都不懂得如何正确使用。在林恒星看来，扇子虽小，在舞台上却举足轻重，使用得当，画龙点睛，锦上添花；使用不当，画蛇添足，事与愿违。为汲取传统曲艺表演中折扇的艺术神韵，丰富答嘴鼓、讲古艺术语言，提升表演水平，传习中心与思明区文化馆共同主办了答嘴鼓讲古艺术折扇运用技巧培训班，请国家二级演员杨彩敏授课。杨彩敏有多年戏曲专业表演经验，她将戏曲折扇技巧与舞蹈折扇技巧加以融合、改造、创新，自编自导出一套适应答嘴鼓、讲古表演的折扇运用技巧向孩子们传授，使这门艺术重开生面。

2020年8月，思明区启动区级非物质文化遗产项目代表性传承人推荐工作，林恒星作为厦门市鹏翔答嘴鼓艺术传习中心主任，为答嘴鼓项目推荐了郑见、肖毅蓉和刘根源三个人。为了让这些后辈尽早接过传承的火炬，把答嘴鼓曲艺传承下去，早在两年前，林恒星就经常关心、过问这件事情，不但自己跑了厦门市文化馆跑思明区文化馆，还建议郑见等人主动去找思明区文化馆分管非遗保护的同志咨询。申报材料需要报送申报表等文字材料，还要提交演出照片和视频材料，而提交视频又需要撰写解说词、整理材料和组织拍摄，事情相当琐碎，做起来并不容易。三个年轻人没有经验，一时捉襟见肘。这时候，林恒星平时收集积累的材料雪中送炭，派上了大用场。原来，从郑见他们一开始学习答嘴鼓，到后来每一次表演，林恒星只要在场，就会帮他们拍照片，录视频，有时候还向他们要照片，主动帮他们收集材料。现在需要用到这些材料的时候，他们自己缺这缺那，遍寻不着，倒是林恒星像变戏法似的一件件交到他们手里，给了他们一个又一个惊喜。之后，林恒星又是指导他们填表，又是组织他们拍摄视频……比他们还上心，还忙乎。2021年4月，郑见等三人被厦门市思明区文化和旅游局命名为厦门市思明区级非物质文化遗产项目答嘴鼓区级代表性传承人。同样受到林恒星帮助的，还有集美区答嘴鼓区级代表性传承人黄镜沧。

  在这里，我们看到了林恒星等传承人对闽南文化的那份坚守，领略到了他们对闽南曲艺的那份缱绻眷恋之情。

▲ 2007年，尤国栋、方建怀、林恒星、杨敏谋在国家非遗日宣传活动现场合影

▲ 林恒星（右）与杨敏谋在国家非遗日宣演答嘴鼓

收徒授业

2019年11月3日下午，厦门市青少年讲古电视大赛决赛在思明区文化馆举行。28名小小"讲古仙"同台竞技，用闽南话绘声绘色讲述，生动呈现古今人物、寓言故事，让观众感受到讲古的独特魅力。其中，选手林恩乐参赛的作品《聪明的奶妈》获得创作奖，它的创作者便是林恒星。

从2011年2月被聘为厦门实验小学答嘴鼓辅导老师至今，林恒星已在该校连续授课10年（2020年11月因疫情中断）。这期间，林恒星发现了一些对闽南话较有语言天赋的孩子。他说："会讲闽南话、讲得流利、有表演的欲望，这是'苗子'的一大标准。"其中，林恩乐是学得最好的一个，还有一名叫魏楠的学生也很优秀。魏楠比林恩乐大几岁，他们在答嘴鼓学习上都很认真，且具备优秀的表演天赋。2014年，魏楠以林恒星创作并指导表演的答嘴鼓《童谣乐》参加首届福建省"丹桂奖"少儿曲艺大赛暨第六届全国少儿曲艺大赛福建赛区选拔赛，获二等奖。2018年，林恩乐以林恒星创作并指导表演的答嘴鼓《狗年讲狗》参加第三届福建省"丹桂奖"少儿曲艺大赛，获三等奖。后来，林恩乐成了林恒星的开门弟子。

林恩乐出生在一个地道的闽南家庭，爸爸妈妈、爷爷奶奶、外公外婆都是土生土长的厦门人，从小即有意识地培养她讲闽南话。2017年，林恩乐在厦门实验小学上三年级时，就报名参加了学校的答嘴鼓课外兴趣小组。她当时的想法很简

▲ 林恒星在厦门实验小学进行九年传承教学

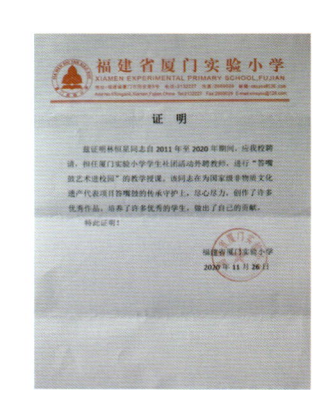

▲ 林恒星在厦门实验小学授课证明

▲ 2014年7月，林恒星创作的《童谣乐》在福建省首届"丹桂奖"少儿曲艺大赛暨第六届全国少儿曲艺大赛福建赛区选拔赛中获得二等奖

单：答嘴鼓这东西新鲜、好玩，又少有人参加，不拥挤。有一次，放学一回到家，她便兴致勃勃地把刚在兴趣小组学到的顺口溜《中秋博饼》念给父母听，结果只记得一半，念起来也是土洋结合，"蚶揽柑"（半本地话半普通话），结果把父母笑得前仰后合。看到林恩乐这么喜欢闽南方言艺术，市文化馆副馆长、市非遗保护中心副主任苏华琦想介绍林恩乐父母认识林恒星，跟他要几个段子给林恩乐讲。结果一打听，林恒星就是实验小学答嘴鼓课外兴趣小组的老师。体会到了兴趣小组的学习乐趣后，从2017年至2019年，林恩乐连续三年参加了厦门市鹏翔答嘴鼓艺术传习中心举办的答嘴鼓讲古夏令营培训班，把答嘴鼓、讲古、折扇三门课学了个遍。

对于课外兴趣小组上的授课老师林恒星的印象，林恩乐的评价是"严格"：读错的字音，要你用红笔标上，反复练习，到会为止。有一天下午，他还拖课，为了一个问题，把同学们留到6点多。他们一个个耳朵灌满了答嘴鼓，肚子里却唱开了"空城计"。对于作为师父的林恒星的印象，林恩乐的评价是"更严格"：每句台词，每个表情，每个动作，都要精雕细琢，直到他满意为止。林恩乐说，她在讲《聪明的奶妈》的时候，林恒星一直认为她的表情里面"看不到树的感觉"，一定要她"拗"过来，结果是越"拗"越找不到感觉，搞得她差点崩溃，林恒星却一定要她找到那种感觉为止。

在林恒星的精心"雕琢"下，林恩乐进步很快。2017年，她凭讲古《两个和尚》获海峡两岸读册歌广播电视大赛三等奖；2018年，讲古《刘三姐和他大哥》获市青少年讲古电视大赛二等奖，答嘴鼓《狗年讲狗》获第三届福建省"丹桂奖"少儿曲艺大赛三等奖；2019年，讲古《聪明的奶妈》获市青少年讲古电视大赛二等奖；2020年，讲古《英雄求学》获市青少年讲古电视大赛三等奖。

在《刘三姐和他大哥》中，林恒星把影片《刘三姐》插曲的曲调融入讲古表演中，一开场林恩乐便用唱歌的形式介绍自己："哎——我的名字叫林恩乐哎，嗨了了罗，实验小学咧上学哎，嗨了了罗，今年岁头一十一嘞，练仙撒涠学讲古嘞……"唱歌不是林恩乐的强项，林恒星仍然是一句一句地教，林恩乐一句一句地学。歌曲的调门特别高，又细又尖，像走钢丝，像爬峭壁，林恩乐只好拼命地拔嗓门。她说，为了练这首歌，她的嗓子都嘶哑了。林恒星的这一做法令人耳目一新，也引来了一帮跟风者。后来，这种以唱歌作自我介绍的形式很快在答嘴鼓表演中流行开来。

表演答嘴鼓《狗年讲狗》的时候，林恒星先是通过微信把脚本发给林恩乐，让她把台词背熟，然后再发他示范讲述的音频，让林恩乐熟听。这时候，林妈妈充当了严师的角色。背台词时，林妈妈负责听；对台词时，林妈妈就充当另一个角色。林恩乐说，因为背错台词，没少挨她妈妈的骂。

2019年11月24日，厦门市教育局举办厦门市第四届闽南文化艺术表演现场比赛，要求每个学校至少选送一个节目参赛。不知哪个环节出了差错，临近比赛的前两天，林恩乐才接到学校通知。拿什么节目参赛呢？林恩乐一时慌了神，林妈妈只好找林恒星救急。林恒星连忙从"库存"的作品里面找出了答嘴鼓《拍拳卖膏药》给林恩乐。林恩乐和同学曾佳牧就用仅有的两天时间背台词、对台词，日夜演练，拼命抢时间、赶速度，忙得像打仗，紧张得像要"着火烧"（燃烧）。为了增强演出效果，林恒星还从同安一家民间剧团借来了一面铜锣，以锣声点缀在台词中间，使之更切合《拍拳卖膏药》的主题和形式。他还特别交代，不要太使劲，小心把锣

▲ 2019年5月，答嘴鼓《拍拳卖膏药》在第八届厦门市答嘴鼓调演活动中荣获演出一等奖

敲破了，赔不起。林恩乐打趣说，害得她在排练的时候都不敢用力敲。林妈妈则四处找人借服装，最后从市文化馆舞蹈老师处借到了男女两个角色的服装，鞋子则是从专卖舞蹈用品的商店买来的。更悬的是，比赛中，他们又偏偏抽到第一个出场（表演比赛，第一组出场是最不利的），连喘口气的空当都没有。万幸的是，结果还不错，节目获得第三名。两天排出一出答嘴鼓，这速度让大家颇为自豪。林恒星说，林恩乐她们这下应该是创了纪录了。此外，这一次比赛，林恩乐一人双职，还参加了学校的团体节目——闽南话古诗朗诵《早发白帝城》。她说，节目间隙换装那个匆忙劲儿，也像打仗。

2020年初，新型冠状病毒肺炎疫情暴发，市文化馆副馆长苏华琦要求林恒星创作一篇抗疫主题的作品配合宣传。人在美国的林恒星挤出时间创作了一篇《齐心战瘟神》的快板，让林恩乐表演。表演需要一副快板，家里没有，怎么办？林妈妈翻箱倒柜寻找替代品，翻遍了家里的锅碗瓢盆，发现碗也不行，盆也不行，后来翻出了两根炸芋枣、五香用的长筷子，一敲，还蛮像回事，于是，权且用它充当了快板。排练期间，林恒星利用微信，通过"国际连线"进行线上指导，可是这种跨国的线上指导并不容易，因为时差的关系，信息滞后，经常这一方今天发的信息对方第二天才能收到并回复。后来，《齐心战瘟神》视频登上了市文化馆的微信公众号，林恩乐被实验小学评为"抗疫好少年"。

此外，林恒星还带林恩乐参加思明区"非遗日"路演、中山公园的答嘴鼓展演、大同书院"曲艺汇"的答嘴鼓讲古专场演出，一点一点地锻炼她的实战能力。

林恒星认为，要使答嘴鼓这门艺术薪火相传，以师带徒是行之有效的途径，而在收徒时，要仔细考察，孩子有潜质、愿意坚持下去，才能真正做到一代代传承。通过几年的接触，林恒星发现林恩乐对答嘴鼓艺术非常热爱，便有意收她为徒，没想到与她及其家人一说，双方一拍即合。于是，2019年10月，在厦门市非物质文化遗产保护中心、思明区文化馆领导及答嘴鼓同人的见证下，国家级非物质文化遗产项目答嘴鼓省级代表性传承

林恒星 曲艺家

人林恒星收徒暨林恩乐拜师仪式在白鹭洲舒友海鲜酒店举行。这次的拜师仪式、流程也被记录并沿袭了下来。林恩乐有一个弟弟，2022年中秋节期间，林恒星在林恩乐家做客，林爸爸指着儿子对林恒星说："这孩子，大了也要拜你为师哦。"

林恒星的第二个徒弟叫郑见。

郑见出生在美丽的鼓浪屿，从小爱听广播，中午吃饭就的是杨敏谋的讲古，晚上睡觉枕着听广播剧，家里有电视的时候，常常陪着曲艺发烧友的爸爸看相声、小品、评书等曲艺节目，不知不觉中与曲艺结下了不解之缘。这样的生长环境，对她学习答嘴鼓曲艺表演产生了深远的影响。

郑见于2009年夏天经李小航推荐加入市通俗文艺研究会，并在一次会议后引见她认识林恒星。林恒星用他创作的作品《对题》为她及其搭档开了人生的第一堂答嘴鼓课。那时候郑见已三十出头，为人妻为人母了，要学习一门新曲艺，其难度可想而知。闽南有一句俗语，叫"吃老才要学嗌吹"，讥讽人年纪大了才想学艺，难度挺大。林恒星却十分赞赏这种精神，带她认识杨敏谋、尤国栋两位老师，学习不同的答嘴鼓表演风格，引导她多向其他曲艺形式学习，有机会多参加培训，多上台锻炼，这些成了支持她学下去的动力和进步的关键。每学习一个段子，林恒星总是细心地辅导她，从作品的创作思路到文字的咬字发音。郑见有时候拿到林恒星发给的新段子，来不及跟林恒星预约上门学习时，就通过电话沟通。如果林恒星在楼下，就会说："你等一

▲ 林恒星与徒弟林恩乐在收徒拜师仪式上合影

▲ 林恒星与郑见合影

▲ 2021年12月，林恒星正式收郑见为徒

下，我上楼去开电脑。"然后他上楼，打开电脑，告诉她，这个字该怎么读，那个字该怎么念。在之后十余年的表演中，郑见大多用林恒星创作的作品，在各种比赛中频频获奖。经过多年的考验，2021年12月，林恒星正式收郑见为徒，举行了正式的收徒拜师仪式。

在2022年12月举办的收徒拜师仪式上，王晨航、詹舒琪、陈少敏、吕良择同时拜林恒星为师。

王晨航、詹舒琪这对被戏称为"答嘴鼓金童玉女"的搭档都出生在闽南家庭。王晨航的父亲王智荣还是厦门市鹏翔答嘴鼓艺术传习中心的理事。他们从小就活动在传习中心，参加各种宣传演出，还参加过不少比赛并获得不少奖项，多次参与厦门卫视节目录播。后来两人考上大学，选择的专业也是与艺术相关的新闻采编、制作和播音主持，在学校的文艺活动中也获得很好的成绩。2023年7月，两人就要大学毕业了，他们表示要留在厦门，拜林恒星为师，继续闽南文化的传承和发展。

陈少敏和吕良择出自从事专业表演的原同安歌仔戏剧团，除本职工作外，他们还对答嘴鼓的表演情有独钟。他们的答嘴鼓节目曾于2019年获得

福建省第三届"丹桂奖"曲艺大赛一等奖。他们不但舞台经验丰富，基本功扎实，还有创作的潜在能力，这一点特别对林恒星的"胃口"。眼下厦门答嘴鼓创作青黄不接，多数人热衷台前表演，而对幕后创作感兴趣的却寥寥无几，创作型人才太难得了，所以当他们提出要拜师时，林恒星如获至宝，马上举起双手热诚欢迎。

在这里，文化是一种手手相递的炬火，未必耀眼，却温暖人心。

▲ 王晨航、詹舒琪表演现场

▲ 陈少敏、吕良择表演答嘴鼓

倾力著述

　　有些人，有些话，会让你记一辈子。

　　林恒星一直忘不了师父林鹏翔的临终嘱咐。

　　1994年7月，林鹏翔被诊断出罹患癌症，病情发展迅速，迫使他不得不离开心爱的工作岗位，回家疗养。1996年元旦后的一天，林恒星去看望他。师徒两人谈得很投入，谈到林鹏翔的病情，谈到过去两人相处的日子，谈到答嘴鼓……谈到林恒星的现在时，林鹏翔像往常一样，对林恒星千叮咛万嘱咐："有时间多动动笔，多少写一点，千万不要放弃……"态度十分恳切，目光充满期待。林恒星知道，师父对答嘴鼓表演比较放心，因为表演人才济济，而对答嘴鼓创作则深感忧虑，因为这方面的人才不多，愿意学习创作的人更少。他是希望林恒星接过他的衣钵，笔耕不辍，把答嘴鼓这门艺术好好地传承下去。这个冬天，冷得清奇、蚀骨，四堵墙也挡不住寒意的侵袭。林恒星心里满是哀伤，又不能太过流露，只能默默地点头应允。没想到，这竟是师徒两人的最后一面。仅仅过了两天（1月6日），便传来了林鹏翔去世的噩耗。

　　2006年5月，答嘴鼓被列入第一批国家级非物质文化遗产名录，刚好是师父林鹏翔去世10周年。林恒星开始萌生为师父立传的念头。

　　2008年2月，林恒星退休，可以自由支配的时间多了，师父的临终遗言更是不时在他耳边响起。往事历历，斯人已逝，音容宛在。师父的一颦一笑，师父的为人处世，师父的谆谆教诲，不时在他脑中浮现。这个念头，日益强烈，拂之不去，但他又有点担心自己的水平不济，不足以完美地呈现师父的形象。犹豫，彷徨，欲写还休，欲罢不能，令他寝食难安。

　　2007年春节期间，几个"二搬"的老同事互相拜年，在老书记方建怀家小聚，话题离不开林鹏翔的轶事。林恒星感慨地说，芗剧一代宗师邵江海的故事都写成剧本搬上戏台了，答嘴鼓艺术大师林鹏翔的事迹也应该给出本书了。老书记方建怀马上说："这由你来写最合适呀。"大家也都说:"是呀,非你莫属。"大家的话自有道理,因为在"二搬",林恒星与林鹏翔接触最多,在向林鹏翔学习答嘴鼓的门生中他又是大弟子。为林鹏翔立传,他是众望所归,不二人选。在2007年6月第二个"中国文化遗产日"(2017年起调整设立为"文化和自然遗产日")宣传活动中,厦门市文化馆馆长郭秀治听方建怀说起此事,非常高兴,找到林恒星当面予以鼓励,市非物质文化遗产保护中心也表示将尽力支持。众多的鼓励和支持极大地增强了林恒星的信心。他虽然下了很大决心,但是毕竟从未写过书,心里没底。

而最终更坚定他写作信心的是时任市文联副主席陈元麟。一天下午,两人在街头偶遇,都很高兴。寒暄几句,便就感兴趣的话题聊了起来。陈元麟和林鹏翔也很熟,得知林恒星想写一部林鹏翔的传记,很高兴,一直鼓励他:"要写下来,要写下来!除了你,别人很难取代。"陈元麟的这一番鼓励,打消了他的顾虑,让他心里踏实了许多。大约1年后,林恒星将书稿发给陈元麟。陈元麟精心地修饰润色,并为此书写了序。

林恒星虽然与林鹏翔共事了9年,虽然林鹏翔有一些作品留在林恒星处,但要写一本传记,仅有这些,远远不够。为了了解林鹏翔的生平事迹,寻找林鹏翔的早期作品,林恒星不知花了多少时间,走了多少路,找了多少人。

他找到了"二搬"文宣队的老队员。特意去买了一支录音笔,在一个下午将"二搬"文宣队的老队员们召集到文灶加油站附近的一家酒店内,采集林鹏翔的事迹。得知他要写林鹏翔传记,大家一致赞同,你一言我一语地聊开了。往事如昨,话题一打开就收不住,越聊越酣畅,从下午一直谈到晚上酒店打烊,收获了许多当年在文宣队与林鹏翔相处的点点滴滴,最后大家还相约将各自珍藏的相片拿出来,供出书用。

他又找到林鹏翔的夫人林素珠,听她讲述林鹏翔的往事,收集林鹏翔的照片和答嘴鼓作品。林鹏翔留下的相片不多,知道林恒星要为丈夫写传,林素珠把它们全交给了他。

他还采访了林鹏翔当年在开元区大同民校任教时的区中心学校校长林清

权、区第二民校的老同事林和声、原厦门人民广播电台文艺部主任陈劲之和曾在市文化馆工作的胡焜辉。有趣的是，林清权校长就是林恒星的堂叔。当时他并不知他们俩有此渊源，林鹏翔也未提过此事。林恒星是在采访林素珠时，询问当年民校校长是谁后，才知道这层关系。这世界，真是说大就大，说小就小。

林鹏翔幼时，由于家境贫寒，母亲只好托人将他送到设在泉州开元寺内的开元慈儿院。为了寻找开元慈儿院，林恒星特意去了趟泉州。时值盛夏，天气炎热，林恒星顶着酷暑，大汗淋漓。他一踏入开元寺，当年"唐山过台湾"采访之行，与师父在开元寺参观的情景又浮现在眼前，物是人非，心里起了阵阵波澜。还记得那天，开元寺住持向采访团一行介绍了开元寺的发展史，并打开东塔塔门让他们登上塔顶远眺，在塔顶，洪永固还为林恒星和师父照了一张合影，可惜后来照片丢失了。

▲ 泉州开元慈儿院旧照

由于有些年头了，年轻的和尚对慈儿院的事压根儿不知情，后来林恒星请教一位年纪较大的和尚，才知早搬走了，据说是和一家专为智力残疾少儿设置的特殊教育学校合并，名叫"鲤城区开智小学"。问开智小学地址，老和尚也不清楚，林恒星只好在寺内边走边看边再找人询问。来到开元寺泉州佛教博物馆，意外发现一张慈儿院儿童集体照，林恒星如获至宝，征得管理人员同意拍了下来，就此询问管理人员，才知慈儿院被合并后搬到了水门口巷，具体方位也不清楚。林恒星只好走出开元寺，进入对面一家旧书店找了一会儿书，顺便问店老板水门口巷的位置。他依老板指点，沿街一路走去，好不容易来到学校门口，却是"铁将军把门"，问了才知当天是周末,他来得不是时候。他只好在门口拍了张照片,带着遗憾离开了这座古城。

《答嘴鼓艺术大师林鹏翔》的末页有一张宋集仁在1977年摄于福州鼓山的照片。照片上,宋集仁站在枝叶葱茏的背景前,身穿皮夹克,手插衣袋,戴一副黑框眼镜,脸露微笑,目视前方,一副儒雅的学者风范。为了寻找这张照片,林恒星也是费了许多周折,整个过程搞得跟破案似的。

原来,为使答嘴鼓艺术发展史料更充实,内容更完善,让广大答嘴鼓艺术爱好者和后人认识宋集仁先生,一睹老前辈的风采,2008年2月,林恒星在开始撰写《答嘴鼓艺术大师林鹏翔》时,就留意寻找宋集仁的照片。在厦门,他几乎找遍了与宋集仁有过接触的人,还跑到福建人民广播电台、福建省群众艺术馆,每次都无功而返。后来有热心人提起原厦门歌舞团的王岩平先生,他是宋集仁的学生,说不定会有宋集仁的相片,但王岩平早年就去了香港,怎么与他联系又成了新的难题。后来陈元麟告诉林恒星,可以先找陈镜秋,他去香港多年了,和王岩平应该有联系,但又不知道陈镜秋的电话,后得知曾若虹与陈镜秋有联系,于是找到曾若虹,曾若虹又说陈镜秋未必有王岩平电话,建议找何乔文。林恒星好不容易从何乔文那儿要到了王岩平的电话,然而电话打通时,那头却只有留言录音:"你好,我是王岩平,现在不在这里,有事稍后联系。"一连几天,都是如此。2011年12月2日,林恒星正一筹莫展之际,黄念旭告知他,王岩平来厦门

▲ 林恒星所著《答嘴鼓艺术大师林鹏翔》

▲ 林恒星（右）与王岩平在其书法展合影

了，当天《厦门日报》有关于他的报道。林恒星找来报纸后，赶紧和报社党委办公室联系，从而找到写报道的记者。几经辗转，他最终才从王岩平那里要到了这一张宋集仁的照片。

2012年4月，在纪念答嘴鼓大师林鹏翔逝世16周年之际，《答嘴鼓艺术大师林鹏翔》一书终于出版了。这本约28万字的人物传记，犹如一幅答嘴鼓的历史长卷，不仅记录了林鹏翔坎坷不平的人生历程，展现了他对答嘴鼓艺术的孜孜以求，而且记载了答嘴鼓这门地方艺术的发展历程。捧着刚出版的散发着油墨香的新书，林恒星如释重负：可以告慰师父的在天之灵了。

然而，他又觉得意犹未尽，觉得必须再做点什么。在一次翻检师父遗作手稿的过程中，他萌生了为林鹏翔作品编选一本集子的想法。经过3年的收集整理，2021年4月，《林鹏翔曲艺选集》出版，选集包含了林鹏翔的答嘴鼓、芗曲说唱、三句半、芗剧小戏等类别的作品。在新书发布会上，林恒星说："林鹏翔老师的作品带着历史烙印，亦可让我们窥见文化发展的剪影和社会变革的瞬息。更重要的是，其中承载着在某个时期可借鉴的东西以及给我们传承守护的正能量。"

2015年1月，《林恒星答嘴鼓作品选》一书出版，收入了林恒星创作的《市声》《念四句》《唱念白》等答嘴鼓作品52篇，约35万字，有不少作品、节目得过奖，上过报刊、电台、电视，是厦门第一部个人答嘴鼓作品专集。林恒星说，之所以出版这本个人作品专集，一是为兑现对师父临终时的承诺，告慰恩师的在天之灵；二是为答嘴鼓艺术留下一份记录文本，弥补答嘴鼓书籍稀缺的不足，供后人借鉴、参考；三是通过自己的作品，扩大答嘴鼓的影响，在非物质文化遗产传承的道路上发一分光和热，当好一名火炬手，让答嘴鼓艺术薪火相传。

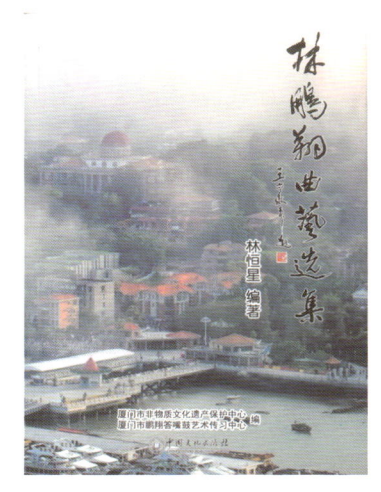

▲ 林恒星编著《林鹏翔曲艺选集》　▲ 林恒星所著《林恒星答嘴鼓作品选》

近年来，在各方面的努力下，对答嘴鼓感兴趣的人多了，参与学习表演的人也多了，答嘴鼓这门艺术呈现出生机勃勃的景象，这让林恒星感到欣慰，但他也发现，老问题依然存在：学习表演的人多，学习创作的人少。为了答嘴鼓艺术的传承发展，厦门市非物质文化遗产保护中心想尽了办法，请专家、学者、传承人讲学，开讲座，办培训班等，可是，创作依然不见起色。他还发现，长期以来，答嘴鼓创作一直处于没有规范教材进行教学的状态。一些初学创作者，甚至已学习多年的人，对答嘴鼓还处于一知半解的状态，在语言修养、表现技巧上比较欠缺，写出来的作品大多是一种书面语言或口号式的文字，还有的则急于求成，没能在基础上下功夫，把形式都搞错了。林恒星说，学习答嘴鼓创作正如学烹饪一样，得先从"吹火捏葱尾"（厨房小工）开始学起，绝不能"未三寸水就要扒龙船"（好高鹜远），"未学行走就要学飞"，急于求成，结果往往适得其反。

要搞好答嘴鼓创作和演出，必须将这一艺术形式规范化，创立一套理论教材。曲艺界虽然尚流行口传身授的教法，但毕竟时代不同了，口传身授如果没有自己的一套理论，很难跟上时代的步伐，甚至会被历史淘汰。

于是，他萌生了将多年来学习和实践积累的经验体会编辑成实用教材的想法。编著过程中，为了让理论与实践相结合，让自己的观点站得稳、立得住，他不知跑了多少趟图书馆，找了多少佐证资料。

经过3年多的努力，2018年7月，35万字的《答嘴鼓创作表演艺术》一书出版了。该书从答嘴鼓的艺术规范、表演形式、题材选择、语言艺术到韵语的运用、笑料的组织等，做了全面的、深入浅出的论述，尤其是大量范例的运用，降低了初学者的学习门槛。

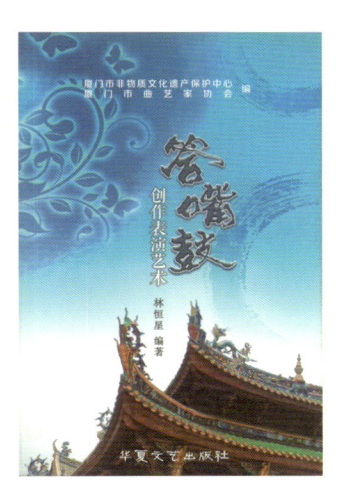

▲ 林恒星编著《答嘴鼓创作表演艺术》

2022年，林恒星开始着手编著他的第二本个人答嘴鼓作品专集——《林恒星作品选——答嘴鼓百篇集》，所收的近百篇作品大多是近几年来发表在报刊上、经过媒体录播、在舞台上展演甚至得过奖的作品，是他多年心血的又一次凝聚，也是他创作水平日益提升的见证。

莫道桑榆晚，为霞尚满天。我们期待着他在未来的岁月里焕发艺术青春。

▲ 2012年，厦门市社会科学界联合会第六次代表大会合影（四排右二：林恒星）

▲ 2013年，厦门市曲艺家协会第六次会员代表大会合影（六排左九：林恒星）

小 传

▲ 2017年，中国曲协、中国舞协、中国影协、中国杂协深入学习贯彻习近平总书记文艺工作座谈会和十次文代会重要讲话精神专题研讨班合影（五排左九：林恒星）

▲ 2021年厦门市非遗保护工作队伍培训班合影（六排左三：林恒星）

65

第二辑　作品

答嘴鼓

我明白啦

乙：哎呀！小李，最近咧创什么（在干什么）？真久拢嗨八看见（很久都没看到你了）？

甲：嚯，无闲得头毛都贂顾剃，野有法佫出来互你看见（忙得头发都顾不上理，哪有办法让你看到）？！

乙：安怎无闲甲安尔（为啥会忙得这样）？

甲：嗨！讲着就直透要气（一直想生气），这简直是太岂有此理！要互我挚着（让我抓到），倜伯公仔现撞互伊去死（老子揍得他半死）。

乙：哎哎！慢慢讲嘛，简着气甲安尔（怎么会气成这样）？

甲：想起我初初学会晓开车迄当时（那个时候），思想麻痹，对安全生产无重视（不重视），交通规则（才）放一边，所以发生的代志（事情），害我开车着（得）从头佫（再）学起。像这号代志（像这样的事情），你贂（不，不会）气！你贂气！你贂气？！

乙：是会气，唔佫（不过）到底是什么代志呀？

甲：迄一日（那一天），四个旅客对轮渡要到火车站去。

乙：好呀，你就共伊（给他）载去嘛。

甲：我准备要去看戏，伊即来咧羔羔缠，贂堪得气，（ggin）神大脚精煞共伊踢（zàm）落去（他们才来缠住我，惹得一肚子火，一气之下，一脚就给他们踢下去）！

乙：哎呀！对旅客哪会使安尔（怎么可以这样）？

甲：无啦！我咧起动（在启动）啦。

乙：哦！是安尔芋（是这样哦）。

甲：我一手油门，一手离合器，突突突……规顶车贂输咧迮（zǒh）箭（整部车快得如飞出去的箭）。

乙：哎，安全千万要注意，唔通（不要）为着要看戏，连性命煞唔挃（dih）（都不要了）。

甲：到了长途汽车站，有一位旅客要先落车去，我一急刹车，突然听见哀一声……

乙：什么代志？

甲：免（不用）看我也清楚，这是坐伫中央迄个（坐在中间那位）旅客，胸坎去弄着头前（胸口撞到前面）的椅座，阿（那）坐咧尽后面迄股头壳去撞着中央迄股的腹肚（坐在最后面的那位，脑袋撞到中间那位的肚子）。

乙：安尔讲，就是你刹车夭寿步（没按规则操作），十次九次会出事故。

甲：这要怪我什么？啥叫伊坐车无细腻（不小心）？

乙：你咧（在）讲什么番仔（没道理的）话？这明明是你刹车有问题。

甲：这站时（这个时候），有一个旅客真注意，看我那块车牌的号码子："嗯，你的车号是三八三八五四。""你记我的车号要创什么？""下日（下次）若要坐你的车着先去学一套杂技。起步要展胸，停站要行礼，转弯不倒翁，刹车孙悟空。"【指作翻滚】

乙：注意，这是旅客在批评你。

甲：管伊（不管他）。把伊送到火车站去，我赶紧要拼倒来（赶回来）看戏。

乙：若像你安尔（如果像你这样），下日还会再出代志。

甲：做你免挂意。你看我空车开得嗖嗖哮（像飞一样），恰输（好比）放火箭，远远看见一个相识的朋友站在路边，我赶紧头壳伸出去："喂！老徐！老徐！下昏（晚上）我去找你，下昏，下昏，下……死呀！"

乙：哎！到底咧讲（在说）什么？

甲：嗨！人若是恰顺利，连啉（lim）滚水都塞齿（喝开水都塞牙）！

乙：这到底是什么代志？

甲：我只顾合（和）老徐讲话，无张池（突然间）发现头前来一把（辆）拖拉机，我赶紧车手拔一边，就安尔，对路边一枞树仔舂（zing，撞）过去。呼！弄一下车头煞扁扁（把车头都撞扁了）。

乙：你看你，开车思想无集中，恰加嘛出代志（难怪会出事）。

甲：通过这摆代志（这次事情），阮（我们）车队马上召开现场会议，会上逐个（大家）七嘴八舌，有仔（的）讲我"一世人铁齿（一辈子都嘴硬），别人的意见拢听赡入耳（都听不进去）"，有仔讲我"严重的无政府主义"，有仔讲什么十次开紧车，九次出代志，什么事故拢（都）是出伫（在）思想太麻痹。你讲，群众提即侪（这么多）意见我要怎样办呢？

乙：虚心接受，坚决纠正嘛。

甲：好，大家讲我爱开英雄车，我就降低速度，坚决开安全车。

乙：对，应该这样。

甲：这一日，几个旅客来坐车，我挂即起行（刚刚要起步），赶紧"唰"一声，随时（马上）又刹车。

乙：为什么？

甲：前面来了一顶（辆）大卡车。

乙：着，宁停三分，唔（不）抢一秒。

甲：我主动让伊过去，然后又再起行（启动），无偌久（不久）又"唰"一声。

乙：哦，头前又有车。

甲：无（没有），我从反射镜，发现后面有一顶车。

乙：嗨！你行较靠边（靠边点骑）就可以，何必停车卜（要）创什么？

甲：安全无蚀本嘛，我再开无（没）几步，又是——

甲、乙：【同时】"唰"一声！

乙：若（如果）像你这样，三步一停，对（从）轮渡开到美仁宫，阿唔着开十几点钟（不得开十几个小时）？

甲：你唔咧食饱尚闲（不要吃饱无聊），管我要开几点钟！老实讲，你要坐我无领你的情，你唔坐，我也唔好嘴去共你奉承（我也不需要说好听的话奉承你）。

乙：你这叫什么态度？

甲：这叫安全的态度，小心的态度，保平安的态度！

乙：我看你呀，是十足的开倒车的态度。

甲：开倒车？无！我开的车历来都是向前行，除了要转头我从来唔开倒车。

乙：我问你，咱伟大的祖国为了要实现四个现代化这项代志，各条战线都咧（在）加紧步伐向前去。可是你呢？开快车，沿路出代志；放慢车，一路停甲欢喜（停得很欢喜），影响工农兵旅客无法按时办代志，这唔是开倒车是什么？

甲：我开快车觍挃（不行），开慢车野（也）觍挃，你讲，这要叫我怎样做司机？

乙：做一个人民的司机，首先要有为人民服务的正确思想做指导，安全才能够确保，做到"马达一响，集中思想；车轮一动，心想群众"。

甲：哎，你讲的这道理，简直合阮（和我们）班长讲的相款一致（一模一样）！

乙：你对倒落（哪儿）去，逐个嘛是讲安尔（大家都这样说）。

甲：阮班长佫（又）讲："全车队一百三十四个司机，随便你拣一个来比，看有倒一个亲像你（看有哪一个像你这样）？！"

乙：是呀！像你这款（这种）对待人民无负责任的司机，确实是真少看见。

甲：尾来（后来），阮车队赵书记则共（才给）我点醒，叫我去拜王阿池做先生。

乙：哦，是一个大大股（个子又高又壮），面仔圆圆（脸圆圆的），嘴角还生一粒（颗）痣？

甲：正是，正是，你野认识伊？

乙：哎呀，旧时住在阮厝边（我邻居），现时野甲（还与）我有来去。

甲：若讲王阿池要来合（和）我比，我是高中毕业生，伊即扫盲班读二年。看要讲八字还是讲机械原理，伊着互我豆菜拨一边（一边站去）！

乙：我看你呀，鸭母妆金迄支咀也是扁（母鸭子的嘴巴装上金子，那嘴也是扁的）。

甲：我想来算去，野有一项输伊（有一项输他）。

乙：你输伊什么？

甲：者，我嘴角少伊一粒朱砂痣。

乙：你敢讲，我都替你歹神气（不好意思）。人伊开车成十年（人家开车十来年），从来呣八（没有）发生过代志，运送旅客总是安全又及时，安全标兵逐年拢（每年都）选着伊，逐年拢参加省市工业学大庆会议，偿了真侪（奖励了很多）奖品合奖旗，你有什么不服气？

甲：呣是不服气，我是讲条件伊合我赡比（他与我不能比），为什么会输伊？

乙：只要你虚心学习，慢慢做，会明白这个道理。

甲：头一次我要去找王阿池，明明看伊对车场入去，呣佫真怪奇（不过很奇怪），四箍辇返拢找无伊（四处都找不到他）。

乙：咦！走对倒落去（走哪儿去了）？

甲："伫这啦（在这儿呢），小李。"

乙：嘿！无人影佫（还）会出声！

甲：我一看，哦，原来伊钻伫车底咧无闲砌砌（忙着呢），坚持出车前检查转向系统和制动器，甚至检查到每一粒螺丝，发现问题及时就修理。伊讲："爱护车辆勤保养，万里行车有保障。"

乙：无错（没错），车辆技术状况经常完好，安全行车才会确保。只有人爱护车，车即会听人发落（车才会听人指挥）。在这方面你着好好向老王学。

甲：就是要向伊学，第二次我欢欢喜喜到倜兜去找伊（到他家去找他）。

乙：伊一定会真好帮助你。

甲：哎哟！无讲人赡气——伊一股欤欤三碗半呣讲半丝（不说还不会生气——他一个人不言不语）。

乙：我敢保证，伊这个人绝对赡安尔（不是这样）。

甲：哎哟！我骗你要刣什么（做什么）？至少等有两三分钟久伊才表示。

乙：伊讲什么？

甲：伊讲："小李！今俉日（今天）是咱休息的日子，咱两个相合（一起）出去。"

乙：对啦，看要公园还是纪念碑，一面谈心得体会，一面散步食空气（呼吸新鲜空气）。

甲：食（吃）火气啦，食空气！伊唔去（他不去）纪念碑，野唔去戏园（院）看戏，煞娶我去踅（se）菜市（却带我去逛菜市场），看那些阿婆阿嫂咧买巴朗鱼，空手的要丛（zong）入来（钻进来），买好的要丛（冲）出去。

乙：对啦，买两斤仔倒去，看要煎野要糊，四两仔翘起若啉若讲恰趣味（边喝酒边聊天比较有趣）。

甲：嗨！伊若是（他哪是）要买鱼？！硬死娶我去踞（kú）带"五脚气"（硬是带我去蹲马路边）。

乙：踞咧创什么（蹲着干什么）？

甲：者，看迄因仔咧揾呼鸡走跄离（看那些小孩子在玩捉迷藏的游戏）。

乙：哦！这是……你讲这是创什么？

甲：我俉会知（怎么知道）！路尾（后来）是老王看我咧疑矣（ggnai，疑讶），伊即（他才）将道理讲出来。伊讲汽车一日着走真多所在（很多地方），所拄到（遇到）的情况野千变万化、丰富多彩，咱必须严密注意事物的动态，对事物变化的规律要有充分了解，将安全行车的主动权掌握伫手内（在手中）。亲像头先迄个（就像刚刚那位）老阿婆看着菜篮赫（那些）巴朗鱼笑甲嘴仔谊狮狮（笑得张开了嘴），若行若闻看睬（边走边闻），汽车开到面前伊野唔知（还不知道）。

乙：着啦，伊思想总（全）集中伫（在）菜篮内。

甲："小李，头先你野亲目（亲眼）有看见：迄个因仔野看人咧揾呼鸡走跄离（那位小孩子也看大家在玩捉迷藏），笑得规股头壳崎崎（整个脑袋歪一边），无张无池（不小心，没有防备），凶凶对（突然从）马路丛（冲）过去：'阿母呀！阮要放屎（我要大便）！'"

乙：要放屁呀！

甲：原来小鬼裤头带拍死结（小孩子裤腰带打死结），急得要死，来往的车辆伊根本就赡去注意。

乙：对，做一个司机，应该注意突然出现的代志，做到随时拢有防备。

甲：通过具体的启发和提醒，我愈（越）想愈有道理，特别是迄一日（那一天）缀伊（跟他）的车出去，互（给）我的印象深刻永远着会记。

乙：哦，迄（那）一日发生什么代志？

甲：迄一日伊载客要到梧村去，我看伊要经过每个交叉路口拢真（都很）注意。当要经过体育场的时，突然冲出一个坐脚踏车（骑自行车）的同志，孤手援车（单手握住车把）又踩得凶死死。

乙：这个同志是手骨少一支（少了只胳膊）？

甲：无啦，伊一手捧一壶金鱼，胳下空（腋下）日光灯又夹一支，车后架还载一盆玫瑰花咧阵动献（hni）（摇来晃去）。

乙：嘿！正像咧（好像在）演杂技！

甲：好得老王伊事先有张池（防备），一面做好刹车的准备，一面将喇叭一按："嘀，嘀，细腻（小心）——"

乙：嘿，喇叭还会讲话！

甲：那个坐脚踏车的同志，少年家脚手敏捷真伶俐，下力一下弓（踩）就冲过去。真注死，对面一把大卡车开到伊身边，脚踏车煞家己（却自己）撞去找伊，哎哟，险死，迄个司机惊一个面仔青青（面色发青），赶紧刹车，喇叭下力按（cin）（拼命按）："嘀，嘀，嘀，嘀，嘀嘀，你要赴死野呣是（你是不是要找死）！"

乙：煞辗过去（竟然被车辗过去）？！

甲：险险，差两三毫米。好得老王事先有张池，刹车真及时，则（这才）化险为夷，平安无代志。

乙：若辗着，这个少年婴呣免佫饲（如果辗过去了，这位少年不用再吃饭了）。

甲：虽然无代志（没事），这个坐脚踏车的也摔得目白舌吐，溜皮溜裤，

75

林恒星 曲艺家

迄个金鱼壶贡甲碎糊糊，金鱼逐只拢拼肚，日光灯嘛煞找无伱安祖（摔得眼睛发白，舌头吐出来，皮肤、裤子都磨伤，那个装金鱼的玻璃壶摔得粉碎，金鱼在地上翻滚，日光灯也摔得粉碎）。

乙：这就是违反交通规则的结果。

甲：今日这条代志，自头到尾我拢亲目看见见，害我归半日煞㾾讲半丝（害得我半天都讲不出话来）。

乙：你煞惊破胆唔是（胆子给吓破了吧）？

甲：这个问题甲（给）我真大的提醒：今偌日（今天）如果是我做司机，嗨！准是汁流汁滴，迄个坐脚踏车的若无互前轮犁死，也要让后轮辗仔扁扁（麻烦一大堆，那位骑自行车的即使没被前轮辗死，也会让后轮压得扁扁的）。【拉乙】老王同志，咱同款是司机，为什么你做了早松伶俐，我做了鹿啾啾疡（sniu）涕涕（为什么你做得干净利索，我做得拖泥带水）？

乙：哎，你会晓想安尔（你懂得这样想），这就是你进步的开始！

甲：小李！因为我有带武器！

乙：啊！开车佫挟家私（还带家伙）？！

甲：那当然啦，要做好什么工作拢离㾾开伊（都离不开它）。

乙：哦，这我明白啦！准定是毛主席著作随带佇身边。

甲：毛泽东思想是团结战斗的强大武器，是继续革命的胜利大旗。所以，对这一日开始，若无（如果没有）重要代志，我就真少四界去（很少到处走）。

乙：我明白啦，你一定是抓紧时间在学习政治。

甲：现在，我明白啦，咱的责任是向人民负责，应该经常用"安全""彻底"这两支尺来衡量家己。

乙：着（对）！有道理。

甲：开车若无（如果不）安全，就会造成人民痛苦国家了钱。所以，应该带着阶级感情开好安全车，做一个人民的好司机。

乙：着！有道理！

甲：咱要自觉维护交通秩序，用社会主义纪律约束家己。

乙：着！有道理！

甲：因为安尔，所以我头毛拢唔剃（头发都没理）。

乙：着，有道理！啊！你头毛唔剃留仔创什么（头发不理留着干什么）？

甲：无啦，本来要去剃（理），路尾无去剃，后来者（才）去剃。

乙：本来要去剃，为什么路尾无去剃？

甲：因为逐个推选我去参加安全行车经验交流会议。

乙：噢，欢喜得连头毛煞呣顾仔剃（头发都顾不得去理）？

甲：唔是啦，因为我，那两日无闲砌砌（忙得很），无闲甲……

乙：啥代志无闲甲安尼（啥事忙成这样）？

甲：因为，因为……我要做发言的准备。

乙：好！我祝你安尼【伸右手】安尼【伸左手】佫安尼（还这样）【举两手】。

甲：这要表示什么？

乙：祝你从胜利走向胜利，争取更大的胜利！

    本作于1975年完成初稿，由厦门市安委会组织交通安全宣传巡回演出，民警中队与厦门车辆监理所负责组织，"二搬"文艺宣传队演出数百场，效果极佳。本稿原文刊登于1977年10月《厦门文艺》第20期，并刊登于《建国三十周年来厦门曲艺选》。1989年，由厦门交警支队与厦门音像出版社联合录制成磁带发放给全市司机，录制时根据需要进行部分修改，录音带名为"为了您和他人的幸福"。

林恒星　　曲艺家

市　声

乙：哎呀！真久拢唔八看见（很久都没看到你），最近是咧无闲甚物（在忙什么），若有好空仔吗着相报斗分偏（如果有好事，也得告知，共同分享）。

甲：讲起来坏势仔要死（很不好意思），最近我去参加一个会议。

乙：是啥会议，无闲甲安尔（忙成这样）？

甲：嗒，最近海峡两岸民俗文化学术会议请我去。

乙：就凭你，请你去、请你去创甚物（干什么）？

甲：因为我伫（在）"市声"方面斩然仔有淡薄臭破布味（多少有点成就），所以就请我去斗闹烈无闲础础（凑热闹忙得很）。

乙：咦！"市声"是甚物（什么）？

甲："市声"伫答嘴鼓形成仔过程中占有真（很）重要仔（的）位置……

乙：安盏讲起（怎么说起）？

甲：因为答嘴鼓是伫仔置时（什么时候）、怎样发展起，历代拢无有（都没有）记录仔文字，根据老匀仔排比（老一辈人的排查），看法拢（都）是一致，就是对（从）"市声"发展一步一步开始。

乙：未是，未是，你野未甲我讲（还没给我讲）"市声"是甚物？

甲：你若是即尔挂意（你如果这么有心），着听我斗斗仔讲落去（得听我慢慢讲下去）……

乙：正是急惊风去拄着慢脾先生（遇到一位慢性子的医生）！

甲："市声"就是自古早时（时候）一直到甲目前为止，咱平民百姓为了度三顿（三餐）过日子，赫（hia，那些）小商小贩做生意要招呼人客来买物，走江湖仔搬（耍）猴戏抛车碾头（翻跟斗）演杂技，拍拳头卖膏药要招呼人注意……

乙：哦，抑（那）怎样？

甲：侗（他们）将斗句仔（押韵的）语汇排比（编排），编甲（编得）顺口押韵佫有（还很有）趣味，一听就知影（知道）咧（在）招呼人买物（买东西），用喉喝仔（吆喝）声调变化出各种优美仔音乐拍子，赫（hè）是水水水，绵绵绵（那是漂漂亮亮）……

乙：你是讲往常时，伫菜市抑是巷头巷尾街路边，迄款（那种）咧招呼生意仔喉喝声抑唔是（是不是）？

甲：正是，正是！

乙：哎哟，这有啥挃（没啥了不起），自阮（我们）太太祖算起，到甲（直到）我这代为止，统统拢是咧做生意，逐日（每天）嘛离赡（不）开"喉喝"即两字，若是要以喉喝来评比，阮兜（我家）是将军祠咧晒米粉——排只①。

甲：你免竹篙尾缚烘炉扇咧大撵甚物（你不要竹竿尾绑上扇炉子用的扇子大力摇摆，在显摆什么）？恁兜规落代人（你家好几代人）做生意有啥置（有什么了不起），自阮太太祖甲（到）我这代为止……

乙：野是咧（也是在）做生意？

甲：看人咧做生意！

乙：唔八（从未）做过生意，野甲人咧大细声甚物（也与人家在大小声什么）？！

甲：虽然我甲（与）做生意是无靠边，唔佫（不过）我对做生意仔喉喝是研究甲真绵精佫真彻底（研究得很勤快又很彻底）。

乙：家己呵老赡臭臊（老王卖瓜，自卖自夸），是金胡蝇腹内（金头苍蝇肚子里）臭稀稀，抑是石码蟳红膏赤截、饱仁佫肉甜（还是石码的红蟹，膏满肉又甜），无试（没试）怎知是抑唔是？

甲：若讲别项我唔（不）敢甲（与）你残（chuā）刺（逞强），若即（这）一项我是规腹肚滇滇滇（满肚子都是）。

乙：只要我讲出一项物？

甲：我着有法应付你，保证合格佫（又）满意！

乙：现煞试（马上试）！透早起（清晨起来），天未光狗未吠鸡仔阿未啼

---

①将军祠咧晒米粉——排只：将军祠，厦门一地名，旧时作为米粉作坊，晒米粉时要一排排地摆。

（天未亮，狗未叫，鸡还未啼叫），赫（hē，那）菜市内外街路边，买物甲（和）卖物是甲闹烈沛沛，你看迄个卖高丽菜喉甲颔颈（am kòm）根恔输中植园（吆喝的脖子如房梁中间的柱子）——

甲：来呀！高丽恰水旦（啦）（高丽菜长得比旦角更好看），要买着来看（啦），有买无嫌晚（啦），唔（不）买逝一半（啦）。

乙：迄位卖菜头仔伫迄爿喉甲摇头佮拌耳（那位卖萝卜的在那头摇头晃脑地吆喝着）——

甲：菜头幼绵绵，退火佮清甜，要买现煞试，磅心无拿钱（萝卜心是空的就不要钱）。

乙：这位卖葵扇佮恰（更加）有趣味，呵甲（吆喝得）轻声细叙恔输咧吟诗——

甲：葵扇引清风，拍死蠓仔王（蚊子），若无这支扇，叮着现发瘅（马上发炎）。

乙：赫（hē）卖油柑仔是笑迷迷，呵甲嘴仔煞歪一边（吆喝得嘴巴都歪了）——

甲：油柑逐粒圆，现试唔免钱（马上试不要钱），拄食酸凝凝（刚吃酸酸的），食了变甘甜。

乙：迄爿（那边）卖蟹仔喉甲面仔红吱吱（吆喝得面红耳赤的），头壳佮格欹欹（一个脑袋还歪向了一边）——

甲：红蟹大红蟹，正宗仔石码海澄，要买由你拣，酥壳佮饱仁（满满的红膏）。

乙：卖油炸粿是呵甲互人耳空毛昭要折折去（卖油条的是吆喝得耳朵里的毛都快断了）——

甲：油炸粿香佮脆，大条佮大块（tē）油炸粿，大条仔油炸粿！烧佮脆呀……

乙：嘿！正实是有淡薄仔臭破布味（真的是有点样子），唔佮若是甲我比（不过如果是跟我比的话）——

甲：安盏（怎样）讲起？

乙：佫有淡薄仔（有点）距离。

甲：哦，抑若安尔（如果是这样），赶紧将恁兜迄款排只仔水平（赶紧将你家那种最拿手的）向各位显示显示，若无亲像（不然好似）是好琵琶挂伫中楹园（挂在房梁中间的柱子），无用啊拍损人物（不展示展示就浪费了），来，来，来，来规声（几声）显示显示，通互逐个人分偏（好与大家分享）。【对观众】观众朋友恁讲是抑唔是？

乙：各位若无惊（不怕）损恁的耳，我就大头大面（不知羞耻地）无推辞，甚物题目拢由你。

甲：好！咱就喊声是头尾离（一起上）现开始：春天时桃花结籽是结甲（结得）满树枝，若是桃仔咧上市（上市时）——

乙：来呀！甜桃满枝枞，逐（每）粒在树红（在树上就已成熟），有买佫有送，便宜佫清香。

甲：安溪茶是好香味，互人闻着澜煞滴（让人闻着口水马上流下来）——

乙：安溪铁观音，安溪铁观音，味香茶色清，啉着止嘴焦（喝了止渴），又佫会提神。

甲：迄个（那个）卖芋仔真正是好嘴舌，呷甲互你赡赴掩钱通买物（吆喝得让你来不及掏钱买东西）——

乙：槟榔芋，槟榔芋，正港仔（正宗的）长泰槟榔芋，炊熟香佫松，入嘴唔免哺（不用咀嚼就融化）。

甲：天拄光鸡仔拄即啼（天刚亮，鸡刚在啼），卖豆奶仔就牵声拔调出来咧唱七字（仔）（歌仔戏中的七字调）——

乙：烧仔（热的）豆奶麦奶（呀），杏仁仔豆奶麦奶（呀），【唱】卖豆奶仔度三顿，豆奶（仔）烧仔油食粿……

甲：好啦，好啦，狗喉乞食调抑甲人唱甲有来佫有去（狗喉乞丐调也跟人家唱得有来有去），你甲家己当做是杨丽花抑是（还是）廖琼枝？

乙：你是咧怨妒我即尼势阿唔是（你是不是妒忌我这么厉害），若是不服气，咱来一下仔比试？

甲：比试就比试，有什么了不起，你讲，怎样试？

乙：咱一个提一摆（一次）建议。

甲：咱一人一句无相偏（互不相欺）。

乙：啥人若漏气（谁如果输了）——

甲：啥人就鸭味（谁就是最差劲的）！

乙：当好（那好），现开始。

甲：伫龙海浮宫迄角势（那个地方），出产仔杨梅是大粒、饱汁、口味甜，若季节一到咧上市，大街小巷若菜市。

乙：来呀！杨梅咧（很）便宜，一斤五占钱(伍角)，要买紧来试，呣买是无时。

甲：来呀！杨梅俗达达（便宜），一斤买五百。要买紧趁早，大粒佫厚肉。

乙：人讲"人织（追）钱起疯，钱织人财旺"。我一斤则（才）卖五占钱，你卖五百元，咱若爱钱嘛呣是爱安尔（我们就算爱钱也不能这样）。

甲：你是未老先番（未老先衰）阿呣是，抑是记池（记忆）去挂伫腹肚边，咱早时仔五百甲五占钱是平平大圆（以前的五百与现在的五分一样）。

乙：哦！有影着是（还真的是），煞𥻦记，是我坏记池，是我坏记池。

甲：𥻦记归𥻦记，顾人佫续落去（忘归忘，还得接下去）。

乙：有名仔乌叶荔枝，当年是咧进贡杨贵妃，伊是幼籽、厚肉、汁佫甜（籽小、肉多、汁又甜）。

甲：荔枝红佫圆，入嘴真清甜。要买紧来试，呣买是无时。

乙：幼籽肉佫侪（多），无甜包退货，有俗（便宜）着来买，菜篮拎来贮（tùe，装）。

甲：正月时，家家户户庆新春过新年，送礼用红柑是上好仔表示，特别是永春芦柑佫恰（更加）有名气。

乙：红柑实在甜，食了续嘴舌（吃了上瘾），要买紧来试，呣买是无时。

甲：臭柑食（吃）退火，要买紧来买，柑皮通（可）烧火，柑丝通炊粿，唔是卖柑仔势哭爸（不是卖柑的好叫穷），为了腹肚（肚子）仔关系……

乙：好啦，好啦，"一句着着，二句臭烧（说一句对了就好，再重复的话就烦人）"，看势（看样子）到目前为止，咱是相拍艍过田岸无相偏（不相上下，互不占便宜）。

甲：虽然是无相偏，唔佫（不过）只是暂时代志，佫过一目啜（lnīn）（一会儿），保证见公母免相谂（马上见效输赢不用争了），佫落去（接下去）一人煞（接）一句比，看啥人恰有绷（bī，厉害）。

乙：好！我先预（开始）。有俗有便宜，唔买是无时。

甲：有俗有便宜，唔买等明年。

乙：有俗有便宜，食了则提（才拿）拿钱。

甲：有俗有便宜，食了赚大钱。

乙：要买着（就要）来看，唔买迣一半（不买就亏了）。

甲：倚来（靠过来）看俗一半，倚来买俗到底。

乙：有俗佫好食（物美价廉），食了出名声。

甲：钱俗货佫正，无影（假的话）腹肚痛。

乙：真是好角色真势拼，拼甲腹肚痛，腹肚内看佫有甚物好料全甲摒摒（piǎ）咱嘛通见输赢（看肚子里还有什么"料"翻出来，咱们好拼个输赢）。

甲：这准佫互你铁齿，恰等互你死甲若虾米（现在还让你嘴硬，等会儿让你死得像虾米），好！经过我仔研究甲（和）配比，有仔生意若斗阵喉稳当死甲若鳖（如果一起吆喝一定会相互影响）。

乙：各人做各人仔生意，全靠各人仔本事甲运气，哪有斗阵（在一起，相伴）稳死仔道理？

甲：你唔相信这款代志（这种事情）？！

乙：唔相信会安尔（不相信会这样）。

甲：当好，你伫头前若喉若做生意（你在前面边吆喝边做生意），我伫后面一路缀（dè，跟）你喉（吆喝）过去，唔免半分钟现知影（现在知道）

是啥滋味。

乙：无啥挃（没什么），无啥挃，是咸是甜便试就是，我先喉落去：砧（tīam，补）皮鞋，砧皮鞋呀，旧鞋替底，新鞋钉铁蹄，大双改互细，旧鞋翻新鞋，破底补互齐，美（漂亮的）鞋好遨街，来呀，砧皮鞋！

甲：赡砧（卖砧）赡砧（不能补）！

乙：卖甚物？

甲：卖砧（切鱼、肉、菜等用的砧板）！

乙：你赡砧，唔佫我比去党着恰吃力（不过我比脚底创伤了更厉害）。

甲：看要刣（杀）鱼切菜丝，笃肉（剁肉）宰（dài）鸡鸭，扒骨斩大骨，撩（切）肉截（zue）菜荄（菜叶下较厚之处），拢着欠用（都得需要用）我这个砧，卖砧！

乙：补鼎补生锅补面桶（补铁锅、铝锅、脸盆）——【重复】

甲：赡（不能）补（卖布）！

乙：补生锅面桶呀！

甲：赡补！

乙：什么咧赡补？

甲：卖布呀！什么卡其、西卡良文纱、的确良、涤纶、乔其纱，各种规格拢有卖……

乙：免（不用）旋（sè，与乔其纱谐音），免旋，佫旋落去煞乌暗眩（hín）现着绝（再转的话，我会眼发黑马上完蛋）。

甲：佫煞落去（再接下去），唔免加讲话（不用多说话）。

乙：磨剪刀锡刀【重复】。

甲：赡磨！卖鳗，卖鳗，乌鱼鳗、白鳗、钱鳗、路鳗，青尺逐只活。

乙：磨剪刀、锡刀（磨剪刀、菜刀之类）！

甲：卖鳗（赡磨）！

乙：【突然弯腰做拍动物状】蚵（ó）仔（闽南人与猪打招呼的叫法）、蚵仔、蚵仔……

甲：【跟乙动作】安尔咧创甚物碗糕（这样是在做什么）？

乙：牵—猪—哥（牵着种猪交配的活）！

甲：牵猪哥？

乙：就是早时科学落后，则（才）有迄款专业咧牵猪公配种生猪仔囝仔头路（活计）。

甲：现注时（现在）科学进步，只要拍针（打针）猪仔现大肚（怀孕）。

乙：着，无错！牵猪哥……这摆你甲有（可有）我仔法度（办法）："配着好种纯纯纯，明年猪仔一大群，蚵仔，蚵仔，来食潘（pūn，泔水之类的食物），猪头猪尾百二斤。"

甲：来呀！【故作停顿】

乙：煞落去佫，煞落去佫，即摆甲会师公跋落屎宕内——无法度了（这次就像道士掉入茅厕中没办法去做超度了），牵猪哥——

甲：哙臊！卖席！

乙：什么，什么，什么？

甲：卖席啦！什么？！看要藤席、篾席、竹席、草席，统统拢有准备。怎样，这摆唔着（这次不就）鸡嘴变鸭嘴扁扁扁。

乙：哼！虽然你连牵猪哥着有变步（办法），但并唔是说明我的功夫无好，我只是要考验你仔应变程度，咱着佫最后一摆决斗，安尔我即会心服口服。

甲：正是爽直去柱着臭膏（góo）（一个直爽的遇到蛮缠的），好！早时仔"拳头师"为了生活四界（四处）推销药膏，每到一个新仔地土，为表示对当地仔尊重甲（和）友好，佪就会先来二句仔褒（po）啰嗦（讲一些好听的话），则来一套仔拳路。

乙：你先请。

甲：拳头若要会，就在咱本地，功夫若要好，就咱本岛，小弟则（才）初学，基础淡薄薄，今日关帝面前舞关刀，提出来逐个（大家）做参考，有好，列位汰呵咾（各位不用夸），无好，就请在座父老多多指导。请。

林恒星 曲艺家

乙：小弟出门人，讲话无相同。今日初到厦门岛，带来兄弟规落股（好几个），功夫都学，基础只淡薄；有仔拍锣，有仔拍鼓，有仔拿大锤贡头部（锤脑袋），有仔拿石头缀（dè）腹肚（压肚子），有仔巷头巷尾找查某（女人），有仔……

甲：甚物？找查某？

乙：嘿嘿……是啦，是找人推销祖传仔药膏。

甲：安尔嘛恰差不多（这样才差不多）！

乙：……若好，请多做广告，若错，请多多指导！

甲：好是好，呣佫野是侪（多）人嫌，少人呵咾（夸奖，表扬），若是用咱台湾迄角势（那个地方）流行迄一套，你敢有法度（办法）？

乙：拄好，拄好，正是刺（ciāh）鞋合着脚（做出来的鞋刚好合脚），完全对路。

甲：好，看你佫有啥步（变）数，请！

乙：来来来，列位众朋友，小弟不才倚伫（住在）台北州，为着扩张宣传出来弄拳舞枪（siu）爱来咱贵地相合研究。顶（上）行到宜兰苏沃，下行到恒春打狗凤山旗后，中部行到阿里山埔里社直透台东花莲港，不才一行二三人，功夫爱会咱贵地（还是本地的好），爱势咱地头（能干的还是本地人），小弟二三步骗食步（骗吃骗喝，此处为谦虚之意），望列位海涵。请！

甲：来来来，太祖猴拳，功夫到即暂且来歇睏（休息，歇一歇），祖传药膏先来报贵君，拍着、捵着、贡着、撞着，有影好用无乱喷（没有乱说）：若有伤着顶八卦（胸部），拍着下丹田（肚子），久年风伤做风落雨会酸、会抽、会痛，请您前来经验，呣免客气。嘴齿（牙齿）痛——

乙：糊下颔（下巴，腮帮子）。

甲：腹肚痛——

乙：糊肚脐。

甲：目周（眼睛）痛——

乙：糊目眉（眉毛）。

甲：脚骨痛——

乙：糊脚趾。

甲：真是阮兜（我家）祖传仔好药材，真厉害。

甲、乙：若要交关（交易）请恁（你们）来。请！

作品所获荣誉：

2008年10月，获厦门市答嘴鼓征文评比一等奖、表演一等奖。

2009年，经中央人民广播电台录制向台湾广播。

2009年，刊登在《厦门文艺》第3期（总第90期）上。

2010年5月，林恒星赴金门参加海峡两岸节庆文化与观光学术研讨会时，以本作品做示范表演。

2011年5月，金门文化交流演出作品。

2012年4月，福建省商贸团赴台湾台中市表演曲目。

2012年10月，获厦门市第五届群众艺术节银奖。

2012年11月2日，获福建省第四届曲艺节二等奖，参加省第四届群众艺术节优秀节目展演。

2012年12月，刊登在《海峡曲艺》第3期。

2014年，参加海峡两岸欢乐汇暨海峡两岸曲艺交流研讨会，作品在台湾交流展演。

2015年1月，由厦门市思明区文化馆申报，获第五届厦门文学艺术奖优秀作品二等奖。

唱念白

　　戏曲中的"唱念白"也是答嘴鼓艺术形成的主要来源，作品中丰富多彩的闽南语词汇、俚俗语、诙谐的对白在闽南戏曲中的应用，使答嘴鼓艺术形象更健康、更丰满、更充满趣味性。

乙：听讲你对传统仔（的）闽南戏曲研究甲真绵精（认真又勤快）？
甲：头尾和（加）起来已经有五年。
乙：哦，阿（那）你研究仔拢（都）是甚物（什么）剧种甚物戏？
甲：者！梨园、高甲、歌仔戏、南音、皮影、嘉礼戏……
乙：拢是咱闽南特色的地方戏，安尔讲（这么说）你仔唱腔一定了不起？
甲：无人甲我会比（没人能与我相比）！
乙：无人甲你会比？讲这款（这种）话的人神经线拢有淡薄仔（都有点儿）毛病。
甲：你则咧着（才得了）神经病！
乙：若唔是（如果不是）神经线膏膏缠（缠在一起），怎会自以为家己（自己）了不起，别人拢鸭味（都没能耐）？
甲：因为我仔唱腔要学无容易（不容易），首先我唱仔难度高无人（没人）会（能）比，经常是超水平发挥，无法控制家己。
乙：抑若安尔（若是这样），就请你唱两句仔显示显示。
甲：一般仔情况下我会严格限制家己，而且佫（还）有一个习惯性仔脾气。
乙：无脾气煞（就）显（不）出气质是甚物，一斤偌侪（多少）钱，真侪（很多）大师傅拢嘛安尔生（都是这样子）！
甲：第一，我唱歌时着无人（要没人）爱（只有）家己，第二佫着（还要）关门闩户即开始（关好门户才开始）。
乙：你是拳头收伫手宛内惊互人学去（功夫藏在袖子里，怕让人学去）？抑是（还是）……

甲：因为我若赡食禁放声直透去（刹不住由着它）……

乙：赫（那）是相当仔优美！

甲：对（从）厦门市斜（sūa）仔（歪，意为跑调）到比利时、意大利。

乙：啊？！ 原来是走调即甲人咧比（原来是在和别人比跑调）？

甲：正是，正是，你讲挑工（故意）要学唱走调是呣（不）是无容易，即（这）个国际级仔难度啥人会比？有才调（本事）你来一首仔显示。

乙：即根本是歪膏（gō）砌（xī）斜（ciá）仔（乱七八糟的）道理。

甲：所以我对闽南戏曲研究仔重点呣是伫（在）唱腔甲（和）乐理。

乙：阿无是甚物（要不然是什么）？

甲：研究剧情中人物仔唱念白即一味。

乙：哦，专攻唱词甲（和）对话？

甲：闽南戏剧中应用仔唱白，大多数是使用民间日常用话，经过真侪（很多）名师艺人不断仔提炼修改，变成戏曲内笑话仔大集会。

乙：无错！遮拢（这些都）是闽南劳动人民创造出来仔丰富语汇。

甲：答嘴鼓语言中仔诙谐、礼斗、涸k（幽默、有趣）仔笑话，真侪拢是戏剧内仔对白。

乙：比如戏白中咧（在）形容一个水查某（漂亮的女人）要怎样对答叙？

甲：当着（那就）请你来配合一下。

乙：好！现煞（马上）来！

甲：当、当、当、七、当、七、当、当……【乙跟着节奏亮相】

乙：【模仿表演】你即个狗奴才？本公子差你去探看暟（bbai5），看迄个小娘子生成啥体态，姿色好共（或）歹？阿你全无讲我知，直透咧拖物代（为啥一直拖着）？

甲：公子呀，慢吞食无份（慢了就吃不着），若论即小娘子是二八正青春，面似桃花免抹粉，眉如新月初出云，脚穿弓鞋缚三寸，双手白白真幼润，特别是看人时阵（时候），目尾一拖嘴一吻（bbǔn，抿）……

乙：哇！赡输（好似）仙女下凡落花粉，抑是西施出世来转魂。

甲：哎哟，赫是瘸疴（驼背）看着𣍐伸轮（伸不直），缺嘴看着𣍐含唇（合不上嘴唇），代公（艄公）看着𣍐使船（无法撑舵），师公（巫师）看着𣍐（不会）引魂，箍桶仔（修木桶的师傅）看见煞𣍐箍尿盆。公子你若看着呀，规股人会煞晓晓颤哦（整个人都会颤抖不止）！

乙：哎哟，稳会害我归瞑煞𣍐睏（整夜都睡不着）。咦！阿若是形容祛势查某（难看的女人）要怎样比喻？

甲：当就听来！【模仿表演】我讲老安大，你敢着看破，即个千万唔通（不要）娶，娶着你会顿心肝（很伤心）！

乙：阿我钱银开尽偌（lua）（钱花了那么多），伊（她）面圆面扁阿都抑未八看（长得啥样都没见过），总无就安尔放死煞（难道就这样算了）？

甲：该看破抑是（还是）着看破，即个查某是涨食兼臭惮（dnuà）（这个女人是好吃懒做、闹事的料），衫裤规年唔八换（衣服整年都不换），弓鞋横直三寸半，头壳一粒米斗大（头如量米的斗），目周若酒盏，嘴仔若八角碗，鼻孔阔若虎头山。

乙：哎哟，是生甲祛势佫瓜蛇（生得难看，皮肤粗糙，身材又细长瘦小），东施若在世嘛唔（也不）敢看。

甲：伊呀！正实蟹看哼澜（冒口水），虾看倒弹，鬼仔看着流清汗，田蛤仔（青蛙）看着跳过田岸，你若看着呀，准是规股栗咧互人拖（瘫着让人拖）！

乙：安尔讲着（得）看破，看破！

甲：戏曲中仔答嘴鼓用话，通常只凭语言仔通俗、生动、形象表达话题，特别是高度夸张引起仔笑话实在真侪，有安尔一段翁仔某（夫妻俩）对白。

乙：哦，安尔（这样）请赶紧出题。

甲：讲着要娶某（老婆）传后代，媒人婆逐日来。介绍一个讲𣍐坏（不错），人品好，一表好人才，早时的西施是个祖太太，后来的林志玲是伊的后代。若要娶伊做某入厝内（到家里），囝婿（女婿）着互（给）丈人爸先看睐（bbai[5]，瞧瞧）。

乙：想要娶某做人囝婿，应该，应该！

甲：想着要娶某是甲爽歪歪（wai），见面礼是狯做青采（随便），大包细（小）包入门来，一入门箍箍拜（拜不停），拜甲要榴叠榴流摆（头都起包时），即娶（才带）一个矮仔查某（矮个子女人）倚（站）远远叫我看睐，讲是三人五目无长短脚话交代。

乙：【甲、乙各单手遮做远眺状】赫远看是一蕊花，近看唔知是葫仔阿是菜瓜？！

甲：媒人婆仔看着即个情形，花婆嘴好话讲无停，哎哟，人伊（她）唔是矮是短是父母生成，唔是大汉即（不是长大才）变形。你看人秀气五官清，无忧无虬无猫无蛀仔（没麻脸、打结、忧伤、蛀虫般的）瓜子面。

乙：这是无痘仔籽好面（没长青春痘的俊脸）。

甲：我一想，若是有安尔仔人品，加少（多少）即会（才能）配我潘安（古代的美男子）仔水平，咱食亏淡薄（一点）无啥要紧，无啥要紧！最后就定亲揭（举）红灯。

乙：哦，煞一笔成！

甲：迄一日新娘都则（才）娶入房间，我赶紧要甲"大红被"（头巾）掀一爿（边）⋯⋯

乙：暂停，暂停，嘛着等酒桌食煞者进行（也得等喝完喜酒再进行）！

甲：哎哟，我着先看一个仔水查某（漂亮的女人）的面，【掀状】哎哟哎！我目周（眼睛）煞无目周仁（眼珠子都没啦）⋯⋯

乙：稳是水当当，幼绵绵（漂亮又细嫩）。

甲：大只猫咪，幼绵绵！你甲看（给看看）别人咧猫（麻脸）嘛猫着（也麻得）真幼秀，啥人像伊猫甲拍结球（麻得都成团），恁爸娶你是无目周（没长眼睛），赫（那）是前世结冤仇！我气一下煞耸须（胡须都竖起来），顺势帽仔煞一下溜（掉）。

91

乙：哎哟！你夭寿，夭寿，迄日去阮兜箍箍求（那天到我家一直求），本小姐心内就拍结球（纳闷），为啥帽仔戴甲要勘（kàm）嘴须（快盖住胡子），原来是要溜本姑娘。你家己野无看是啥洋相，咧欠本姑娘共（给）你羞（ciū），别人臭头（秃头）抑有（还有）规枝（几根）毛通休休（hiù，飘飘），啥人像你夭寿臭甲光溜（liū）揪（没一根头发）。

甲：臭头溜额（liū hiá，掀帽子、掀短）是会真愤怒，唥输翁（好似老公）去风流某（老婆）食醋，你溜我短路，我找机会掀你臭赖步。过无偌久（过不久）就起牙起青甲伊（故意给她找荐）答嘴鼓："即个歹查某（坏女人），无认路；一入门，唥（不）勤苦，爱偷食，顾腹肚，咒個公（他老公），骂個祖（他们祖宗），头呣梳，散头毛（披头散发的），脸呣洗，乌啰苏（黑乎乎的），衫裤穿甲会生菇（衣服穿得都发霉）。看着会吐，会吐！"

乙：煞煞！你即个臭头破豆翁（爱管闲事的老公），规日（整天）呣做工，话仙讲癀是上内行（说闲话吹牛是最内行），甚物："和尚相拍揪头鬃（打架抓头发），尼姑抱团看见人（生孩子被人看见），乌羊触死白虎母，鸟鼠（老鼠）咬猫走入孔（洞）。"

甲：煞！你龟笑鳖无毛全全讲无影，规日黑吐白吐佫恰出名（整天七讲八讲得更加出名），甚物："灯心搵（wūn）油揆（dùn）破鼎（沾油通破锅），无脚椅仔家己行，四两面线撒了半斤盐，食了佫嫌有恰渐（zhià）（吃了还嫌比较淡）。"

乙：抑你规日甲人咧（整天和人家在）你请我，我互（让）你请。白贼话一担昭无影（全都是谎话），甚物："小旦做客送大饼，一个六岁查某囡仔（小女孩）会偷生团（孩子）。"

甲：你佫恰有够空（更是有够傻），甚物岩仔山顶（日光岩）一只船，有船无代公，设竖桅会使风，船肚底一个少年老叔公，患着月内风，请医生豪脉（把脉）派药方，讲是着菜头炖人参。

乙：煞煞煞！我若三代无火窗（农村竹编取暖用具），都呣通（不要）找即个臭头短命来做翁（老公）。

甲：煞煞煞！我若四代无茶钴（烧水用的壶），都唔通娶即个三八二罗来做某（都不娶这个三八婆做老婆）。

乙：你想要气死我通好（便于）去风骚。

甲：哎哟，人讲在世唔风骚，死去会去牵猪哥（给猪做配种的活）。

乙：气气气，你是存心要爱我死！

甲：嗒嗒嗒，人无相骂本，无三句煞要去土州（想去阎王殿）卖凉粉。

乙：去去去，去着去，早死早出世！【做假死状】

甲：嗨嗨嗨，假空讲煞要正实去（假装说却要真的做），死了了，嘴仔（嘴巴）都𪜆放屁，尻屄（屁股）煞𪜆（却不能）喘气……

乙：哎哟！阿着赶紧请医生合（配）药救人即是！

甲：来来来！半天觅鹦（bbâ hión，老鹰）屁一两五钱，深山虎母血二两六钱，在色仔（没谈过恋爱的）蚊仔肝一两七钱，半男娘仔胡蝇（苍蝇）翼一两八钱，猫腱水鸡（田鸡）毛各五两九钱，灯心灰二斤三两圆圆，百年壁土三斤四。二鼎煎八分，鼎半煎七分平平平。

乙：即帖若啉落去（喝下去），稳当对正月初一透早起，泻仔到二十九暝（年三十晚上）。

甲：戏曲中有时家已一个对答说明一项代志（事情），但答嘴鼓艺术要求是两个人表演恰合宜（较合适），比如高甲戏中仔《桃花搭渡》即段戏，表现仔艺术手法甲（和）答嘴鼓相款口味，有一段桃花甲渡伯俩人对答是安尔（这样）。

乙：桃花是我，渡伯是你！

甲：摇来了……

乙：【模仿表演】【叠仔调】正月点灯红，点呀灯红，顶炉烧香下炉香，君今烧香娘插烛，保庇渡伯饲海魟。

甲：煞，啥么保庇渡伯饲海魟呀？

乙：【唱】保庇渡伯饲山虫。

甲：煞煞煞，头饲海魟，尾饲山虫，许一山虫，小小一条，爬入蠕蠕动，竣闷痛，竣闷痛，恰（较）好来一个努（能，会，懂得）做人？

乙：【唱】保庇渡伯脚手松。

甲：好哉【念】你是呀轻松。

乙：阮（我或我们）是仔轻松。

甲、乙：轻松与轻松，轻松与轻松……【做摇船状渐入后幕】

作品获2013年厦门市第六届答嘴鼓调演一等奖。

2013年11月，作品被推荐参加由中国文联、中国曲艺家协会、福建省文学艺术界联合会、全国公安文联共同主办的国台办对台交流重点项目"海峡两岸欢乐汇"优秀曲艺节目展演，获二等奖，由福建电视台录播。

2014年1月，作品报文化部全国公共文化发展中心"大年小戏闹新春"展播节目。

作品刊登在2014年《厦门文艺》第2期（总第109期）上。

2015年1月，作品获第五届厦门文学艺术奖优秀作品三等奖。

新规定

甲：有一寡人规日拢真无闲（有些人整天都很忙）……

乙：哦！

甲：特别是休息日佫恰无闲（更加忙）……

乙：哦！

甲：唔是狂坪坪去拍麻雀（不是匆匆忙忙去打麻将）、跳舞、泡茶啉（喝），就是赶赴赴去啉酒配红蟹（急急忙忙去喝酒吃螃蟹）……

乙：哦，佫是七桃（玩耍）出行情，食啉（吃喝）出水平。

甲：规日拢唛晓（整天都不懂）争取时间集中精神，加（多）学习读册（书），充实甲（和）调动家己的积极性，加关心反腐倡廉的斗争……

乙：咦，即句话讲了有水平。

甲：所以，对遮势七桃食啉滕的友仔（对这些能玩耍能吃喝的朋友），我送七个字甲侚（给他们）指明……

乙：安尔稳真好用（这样一定很好用），即七个字是……

甲：若要去招我斗阵（要记得约我去）！

乙：你甲看（你瞧瞧），你甲看，可见反腐是一场长期的斗争！

甲：自从党中央发布了八项规定，只要有人假郑青（装傻）违反号令，无管（不管）是大老虎阿是小虎神（苍蝇）通通拢（都）……【比一个杀的动作】

乙：物代志（啥事）？

甲：揪出来捏头饲鸡仔（捏头喂鸡），看你佫偌猛（还多厉害）！

乙：着（对），我举双手赞成！

甲：唔佫野有人太哥食鹅伸烂（麻风病还吃鹅肉烂到底），伸死伸绝（亡命之徒）要对抗八项规定。

乙：怎样，佫有人赫尔猛，对八项规定唔执行（还有人那么厉害，不执行八项规定）？

甲：公开仔已经唔敢用（不敢公开），只好暗暗来进行，而且手段佫恰（更加）高明，为了提高贪污受贿的水平，以腐败对抗反腐败的功能，佢（他们）不断改变新花样。

乙：哦，佫有即款代志（还有这种事）发生？

甲：嗒，有一位王局长对（从）外地调来新上任，无外久（没多久），佢小弟野赶来即（他弟弟也来到这），成立了一间建筑公司来滥阵（凑热闹）。

乙：合佢兄（和他哥哥）的感情佫是真深（还是很深），唔佫（不过）无人知影即个行情（没人知道这件事情）。

甲：伫一摆（在一次）全体干部的会议顶面（上面），特别提到着（要）加强反腐的警惕性甲（和）倡廉的必要性……

乙：着，思想教育行代先（走在前面），好歹者（才）分会清。

甲：后来伊话真斗力，赡输咧开机关枪（话说得很坚决）："惊日（今日）我伫即（在这）特别说明，今后恁唔通知影（你们不要知道）×××甲（和）我相血缘是骨肉亲，就违反原则互伊（给他）方便、开绿灯，若互我知影即个情形（如果让我知道这个情况），就按八项规定坚决执行！"

乙：着，反腐倡廉若要顺利进行，第一着（要）先要求家己先做样，第二着管好家己的家庭。

甲：结果自迄摆（从那次）会议特别说明，以前，佢小弟的生意是食饱捉蚤母相咬真正闲（吃饱闲得没事干抓蚤子相斗）。

乙：是无代志做尚闲（没啥事干太闲了），现拄时呢（现在呢）？

甲：野是食饱捉蚤母相咬佫恰闲（还是没事干吃饱了抓蚤子斗着玩）……

乙：嘿！说明王局长公私分明，是一位模范标兵。

甲：是呀，是模范标兵，担屎咧无偷啉（很不老实）！

乙：哦，怎盏说明（怎么个说法）？

甲：是做免本钱的二盘商，将接来工程承包互（给）外面。

乙：哎呀呀呀……不愧是领导，相当有艺术水平！

甲：有一摆（次），一位开发商为了承包一个工程，挟了一袋仔钱来到局长俩兜（他家）大门前……

乙：为啥着挟钱加无闲（为啥要带着钱，多增加负担），直接刷卡无佫恰好用（不更方便）？

甲：无采你脑子赫灵（亏你脑袋瓜那么聪明），卡一下刷等于甲人（给大伙）公开说明："我咧（在）行贿！"

乙："我咧受贿！"

甲：着，无管你是行贿抑是受贿拢相款（都一样）有罪行。

乙：即位开发商一手抱钱，一手按门铃"叮当，叮当"……

甲：【开门状】咦，你我着唔八（从未）见过面，是唔是摸唔着（不对）门闩，找唔着间（找错门）？

乙：嘿嘿嘿……我是王阿姨俩老爸俩夫人仔老母仔第二团婿（女婿）仔团婿仔同婿（同门）仔妹婿……

甲：哎哟，落落一大套我听了拢搞狯清（都搞不清楚），直直（简单地）将你的名字报来就会用（就行）……

乙：嘿嘿……我名叫肖直哥……

甲：啥，"疯猪膏"（好色之徒）？

乙：嗨，是姓肖名直哥，唔是"疯猪膏"！

甲：哦，原来是王阿姨俩老爸俩夫人仔老母仔第二团婿仔团婿仔同婿仔妹婿。

乙：王局长有王阿姨交代的暗号做证，所以就先互伊入去内面（让他进去）……

甲：挂即划入户橬（刚跨入门槛），王局长就真好客情（很客气地），轻声细叙（轻声细语）交代入门的规定……

乙：啥，入一个门着佫（还）有规定？

甲：无错，而且佫特别说明？

乙：是价钱阿未讲清，抑是（还是）……

甲：衫裤脱落来者会用（衣服要脱下来才行）！

乙：甚物（什么）？

甲：衫裤拢脱落来者会用！【语气稍重】

乙：为甚物（什么）？！

甲：衫裤拢脱落来者会用！【加重语气】

乙：去……去……去恁兜（你家）进贡，着脱衫裤者会用（还要脱衣服才行）？！

甲：歹势（不好意思），歹势！为了适应八项规定，我遮野有（我才有）新的规定……

乙：你野有规定？

甲：我以规定预防规定，是为了长期斗争的保证，所以，今后经同意来送礼的，拢着（都得）按新规定执行。

乙：嘛无送礼着脱衫裤即款行情（也没有送礼还得脱衣服这种事）！

甲：拢是为了你我安全有保证，我着先检查你身躯顶（身上）是唔是有挟录音机伫内面，到时者赡甲你假饱假醉假含眠（才不会装糊涂）。

乙：吭……原来是惊互人（怕被人）录音做证明？！

甲：是呀，历史的经验值仔咱反省，行贿的人有的真侥幸（不很老实），家己要死着佮挚一个斗阵（还要多抓一个垫背），所以偌无张池是赡用（没有预防是不行的）！

乙：即就是对抗八项规定的新发明。

甲：即野（这也）说明八项规定的斗争，变甲佮恰复杂，佮恰隐秘性（变得更加复杂，更有隐秘性）。

乙：阿偌亲像王局长即款型仔（如类似王局长这种类型的）？

甲：看伊（他）头脑偌（多）精，手段偌高明，最后拢走赡出（都跑不了）党纪国法的专政……

乙：着，遮拢是纸老虎粪扫虎神（这些都是垃圾苍蝇），无管伊暂时有偌猛（多厉害），拢赡堪仔恁伯公仔拳头母一下春，互伊现开筐（都挡不住我的一记拳头，让他马上灭亡）！

甲：所以，咱唔通麻痹大意放开心，着保持头脑冷静，关心、注意即场长期的斗争。若无会互遮（不然会让这些）害人精害甲变质变味恢复到以前。

乙：呀——阿若（如果）是即个情形，为了咱的党甲（和）广大的人民，我凶凶（突然）做出一个决定……

甲：哦，什么决定？

乙：我唔睏（不睡）、唔啉（不喝）、衫裤抑唔穿……

甲：啥，衫裤抑母唔穿？！

乙：尚过（太过）紧张，尚过紧张，是唔睏、唔食（不吃）、唔啉、唔……

甲：等仔（等会儿），等仔……你唔睏、唔食、唔啉，是要炼仙抑是要做神？

乙：我……我……我着保持高度的警惕性，随时投入即场伟大的斗争！

甲：嗨，有够行情！

本文获2017年第七届厦门市答嘴鼓调演一等奖、第二届福建省曲艺"丹桂奖"大赛三等奖，刊登在2016年9月《厦门日报》"文化周刊"（日光岩）及2017年厦门日报社、厦门市司法局合编的《带着法律来敲门》一书中。

误 会

乙：【朗诵】厦门金门门对门，两爿（边）距离无偌远（没多远），透早（清早）过去买贡糖，倒来拄赴下昼（dao）顿（回来刚好吃午餐），厦门金门门对门……

甲：嘿，咱厝边倚赫久（邻里这么久），佫（还）不知影（知道）你者尔（这么）有本事，置时（啥时候）学甲（的）语汇者（这么）丰富，牵声拔调佫真斗句（拉腔拖调还很押韵），你安尔是咧（这样是在）……

乙：朗诵。

甲：人爽？是中彩票暗暗爽，抑是（还是）捡着钱呣（不）敢讲？

乙：呣是人咧（在）爽，是上台表演读诗词的迄款（那种）朗诵。

甲：原来是安尔（这样），阿（那）你是要比赛唱歌吟诗，抑是搬（演）歌仔戏？

乙：呣是，呣是，是对闽南话佫按（还从）头咧学起。

甲：这者（就）怪奇，闽南人的囝儿（孩子），方言原本就过会直去（本就行），这准（现在）着佫对（还要从）闽南话重新学起？正实咧讲鬼互（让）虎咬去，呣惊互人笑甲落嘴齿（不怕让人笑掉牙）？

乙：现实就是安尔生（这样子），现拄时（现在），闽南人的囝儿，闽南话讲𣍐辗返（不好）的满满是，我亲身的体会就讲明（说明）这个道理。

甲：哦，你亲身体会的代志（事情）？

乙：是啊！当（那）我问你，怎知影我学堂毕业咧做什么？

甲：我看你规日（整天）甲无闲砌砌（都忙得很），嗯……稳咧做生理（一定是做生意）？

乙：我咧做导游。

甲：你看，我咧猜佫是有臭破布味（我猜得还八九不离十），阿你"豆油"（酱油）的生理稳当赚甲（赚得）钱银饱滇滇（满满的）。

乙：“豆油"？哎哟，呣是煮菜用的"豆油"，是旅游公司带团的导游。

甲：哎哟，你讲的导游是普通话，我讲的是闽南话，安尔汉恰加嘛（这样免不了会）误会。着、着、着，你有读旅游学堂（学校）的底，做导游是无问题（没问题），呣佫（不过）做导游甲（和）重新学闽南话有什么关系？

乙：嗒，做一个导游员除了各方面的工作要求做互四是（周全），关键的是互（让）人的第一印象是口才伶俐，咬字清楚，准确地表达代志，而且着佫（还要）多才多艺者会捯（才行）。

甲：对导游员素质的基本要求就是着安尔生（这样子）。

乙：这规年（这几年），海峡两岸和平发展的大好形势大家看见见（看得很清楚），两岸的经济、文化交流有来有去无停止，探亲旅游佫恰（更加）是来来往往甲热砌砌（热闹无比）。因为我自细汉（从小）闽南话学呣成物（不怎样），呣即（所以），哎……

甲：形势大好大家拢嘛真（都很）欢喜，阿你咧烦恼甚物（什么）？

乙：挂着（遇到）阿公阿嬷我着无啥措施。

甲：这是为什么？

乙：嗒，平时我讲闽南话是鸡母粪半乌（黑）白，水平就是安尔，赫（那些）阿公阿嬷普通话的水平甲（与）我比，是相拍艌过田岸真有绷（半斤八两），若是对头讲话无细字（双方对话不小心），呣若（不仅）笑话一大篇，而且惊（怕）会出代志。

甲：少年的是闽南话讲艌（不）伶俐，老仔（老人家）是普通话听呣成物（不懂），安尔者（这样才）有戏！

乙：就讲我头一摆（第一次）接团的迄当时（那时候），接待的阿公阿嬷最细（小）抑有60多岁的年纪，大部分徛仔（住在）台北市。

甲：好嘛，来祖国大陆观光旅游四界（处）去，是台湾同胞一直盼望的大代志，大家拢（都）有年纪，来一趟（zua⁵）无容易。

乙：迄（那）一日，我到缀（到达）驻台北旅游公司，等待赫参加旅游的

林恒星 曲艺家

阿公阿嬷来接通知，代先（最早）来的一位阿公来到我身边，我赶紧热情招呼伊（他），阿公……

甲：喂——

乙：你甲（给）我散散去（算了吧）。我问伊阿公你姓什么？

甲："我姓林。"

乙："你林什么？"

甲："我啉（饮）金门高粱恰合味（较合味）。"

乙："毋是啦！我是问你叫什么？"

甲："我叫（要）猪脚面合（和）鱿鱼丝。"

乙：哎！正是门扇板咧斗毋着（拼错）扇。等待人到齐的时，我赶紧自我介绍家己："亲爱的阿公阿嬷，我姓李，大家叫我小李就可以，头一摆带大家去大陆旅游由我主持。若有倒落无细利（如果有哪儿做得不够），请大家原谅斗（和）支持……"

甲：是呀，海峡两岸一家亲，接待工作一定着认真。

乙："通知栏有一张告示，请注意看内面（里面）的通知。"

甲：【普通话】"请各位一定早两个钟头到达机场集中上飞机。"

乙：为了强调大家注意，我佫（又）特别用闽南话直翻遮（这些）普通话的文字，一字无加（没加）野无走折半字（也没减少一字）："请各位一定早两个钟头到达机场集中上飞机。"

甲：这款认真的工作态度大家稳当真满意！

乙：真满意，批评甲（得）要死！

甲：为什么？

乙：迄（那）一日阿公阿嬷来报到的时（时候），除了大小行李，通人佫（所有人都）挟（za³，要带）两个枕头来坐飞机。

甲：毋八（从未）听讲（说）坐飞机着挟枕头这款代志。

乙：是呀，我嘛（也）感到奇怪，问为甚物？通人（大家）讲："为什么着（要）问你家己，顶日（前天）你毋是通知一定早（带）两个枕头来机场，煞呛记（怎么忘了）？"

甲：普通话的文字，用闽南话直翻有时仔（有时候）会走折去（误解），所以千万着注意。

乙：等待验完票入去飞机内的时，一位阿公手提登机牌行（走）来看去。

甲：是呣八（不认识）字，抑是咧看无（还是找不到）位置，着赶紧去斗脚手者是（帮助才是）。

乙：这当时的空姐是甲无闲砌砌（非常忙碌），所以我赶紧过去斗料理（帮忙），"阿公你是sc座"。

甲：什么"夭寿死绝"？

乙：哎哟，这是座位的号码字，s是排数，c是位置，简称sc座就是。

甲：有时仔咧表达一寡（gnǔa）（表达一些）话意，该加讲的就着加讲者是（才是），呣通为了简单引起误会就弗气（麻烦）。

乙：飞机要起时，广播现（马上）开始……

甲：【小声哼《鼓浪屿之波》前奏曲配合广播词】

乙："各位旅客大家好，本航班是由台北直飞福建厦门市，航班号是CD574、CD574……"话着讲未了离（话都还没讲完），一位阿公突然大声抗议。

甲："我呣坐'死猪我去死'的飞机！我呣坐'死猪我去死'的飞机！"

乙："阿公……"

甲：喂——

乙：去拣着"白肉油"抑呣是（是不是）。"人这'CD'是英文字，'574'是数目字，这是代表飞机航班号码字，你呣通误会者是。"

甲：这位阿公听走折去（错了）。

乙：等待飞机要降落，广播现佮（马上）开始。

甲：【普通话】"各位旅客，很快就要到达目的地，请准备好你的行李，飞机快要降落。"

乙：阿公阿嬷听赡清楚咧交代什么，要求我翻译一遍者是。

甲：你一定着接受顶一摆（上一次）的教训，细字无（小心不）蚀本。

乙：着（对）！这一摆我真（很）通俗地将普通话翻译做闽南话。

甲：稳当翻甲真四是（一定翻译得很好）。

乙："各位旅客，真紧就要到缀墓仔地（坟地），请准备好你的牲礼（闽南人拜拜的祭品），飞机真紧（很快）就要掉（lák）落（下）去。"

甲：嗨！怎会安尔生（怎么会这样）？

乙：到缀厦门国际机场落飞机，阿公阿嬷头一摆来大陆第一站就是厦门市，讲着翕（hip¹，照）一张集体相纪念则（才）有意义。

甲：讲了有道理，厦门是值得旅游合留念的城市。

乙：伲全部徛伫（站在）飞机的身边，由我指挥全盘棋，【指台下观众】"这位阿公你徛迄边去（站那边），迄位阿嬷着佫（再）笑恰（更）欢喜，后面这位阿公唔通头欹欹（khi¹）（不要头歪一边），这只这位水水的（漂亮的）阿嬷唔通笑甲澜煞滴（笑得流口水）。来，大家注意，直（就）要开始！看要喊【普通话】'茄子'，抑是（还是）荔枝！"

甲：嘿，相片的背景是厦门航空的飞机，安尔佫恰（这样更加）有意义。

乙：我调整好相机，对准准喊声："预备——照！"咦——

甲：么代志？

乙：相机内只伸（cūn，剩）一只飞机，人拢倒落去（都去哪里）？

甲：你唔是叫大家拢走！

乙：嗨——我是讲【普通话】"照相"的"照"。

甲：所以闽南话千万着学互四是（学好），则通佫恰好（才能更好地）服务两岸的兄弟！

乙：正是，正是！

本作品刊登在2011年《厦门文艺》第1期总第96期；2011年7月，获由福建省文联、省文化厅举办的庆祝中国共产党成立90周年曲艺创作征文优秀奖；2012年，参加厦门市第五届群众艺术节调演，获银奖；作为赴金门进行文化交流的演出节目。

厦门路名趣谈

甲：哎哟，老×你的名声佫是真透（你的名气还挺大的）。

乙：咦，我家己怎会唔知头（我怎么不知道）？

甲：听说厦门的地头（地方），你八透透（都很清楚）。

乙：佫研究无够（还研究得不够），佫研究无够，唔佫（不过）若是需要，加少应付会到。

甲：哦，抑若安尔（如果是这样）我着好好向你请教。

乙：客气，客气，请问有什么指教？

甲：惊日（今日），我是想用趣味对答，来介绍厦门有意思的地头，比看啥人恰势（谁比较有本领）。

乙：哎哟，你是想用脑筋急转弯来抛车碾斗（翻跟斗）？

甲：着、着、着（对、对、对），比喻（如）我若问：厦门最好的灶，求一个地头……

乙：安尔，我唔着接是"文灶"。

甲：哎哟，现对接甲者尔好（接得这么好），当好，当好，就由我先开锣。请问厦门最危险的河，仵倒落（在哪里）？

乙：厦门最危险的河，有啦，仵（在）厦门港有一条巷仔（巷子）叫"关刀河"，最危险的河！

甲：嘿，佫对甲嘛嘛（还对得刚刚好），当（那）咱厦门最大的脚，是倒（哪）一脚？

乙：正掌倒掌，青采（左右手随便抓）嘛知影（知道）是"大井脚"！

甲：好，厦门最大的鸡市塞（sue）仵倒一缝（在什么地方）？

乙：塞仵中山路到水仙间仔（的）巷仔内叫"卖鸡巷"！

甲：哎哟，看起来你佫（还）是真知空（知道的不少），佫来（再来），厦门最香的巷，挤仵倒一空（什么地方）？

乙：就仵厦门港的"配料馆巷"！

甲：答了佫真正港（还很正统），倒落是厦门最光的巷？

105

林恒星　曲艺家

乙：最光（亮）的，最光的，着，光彩街，是最光的巷。

甲：佫答了真对同（还答得很对），当（那）最暗的巷又是什么巷？

乙：这是一条特殊的巷，伊就叫作"含眠巷"……

甲：啥？我咧爱睏（在想睡觉）咧含眠。

乙：什么咧爱睏、含眠，是叫作"暗迷巷"！

甲：我想讲倒落来的"含眠巷"？

乙：你看，我互你问甲爱睏佫含眠（让你问得都想睡觉），当即斗（那这次）着（由）我问你答试，看是唔是会恰（较）精神。

甲：看你要问什么拢会用（都可以），我保证比你恰猛（更厉害）！

乙：好，当我看你甲偌猛（有多厉害），厦门冲伫最头前（前面）的巷，叫什么巷？

甲：冲伫最头前的叫拍（打）先锋，着叫"先锋营巷"。

乙：佫来，厦门巷仔最侪（多）的巷？

甲：巷仔最侪的巷，【问观众】观众朋友啥人知影即（这）条巷？无人知影即条巷？

乙：要请人帮忙拢无（都没）希望，顾人认输免佫响空（别再吹牛），这条巷仔就叫作……

甲：九条巷！嘿嘿，九条巷！唔佫已经拆甲空空！

乙：原来你是咧假空假气，假洋参假六桂！

甲：阿无（不然）你以为我咧烧酒醉（喝醉说酒话）？！

乙：好，厦门倒（哪）一条巷，是武林高手咧徛（在住）的巷？

甲：武当分巷！

乙：哎哟，最歹（难）猜的巷，你佫（还）猜甲者正港（厉害）？

甲：你这是刺鞋去合着脚（做鞋正合脚）。千拄千阮兜就徛伫即条巷（刚好我家就住那），我三不五时咧（常常在）练功。

乙：正是风龟甲会惊人（牛皮吹得吓人），佫问一下，倒一条是厦门水产最侪（多）的巷？

甲：佫再（又是）对行，阮老母的外家就伫"鱼仔口巷"，怎样？对同无对同（对不对）？

乙：好，就算佫一摆（再一次）互你漏网（让你溜了），厦门倒一条巷，是团仔胆头最大的巷（小孩胆子最大的巷）？

甲：嗨，就是迄条团仔应话真正港（小孩子很会答话），挂甲（顶得）县老爷无话讲的"顶大人巷"。

乙：内行内行，唔是稍阔人（不是一般人），当倒落是厦门水源最侪的巷？

甲：厦门水尚侪的……就是……担水巷，任担嘛担𣍐空（任挑也挑不完）！

乙：厦门铁最侪是倒一条街？

甲："拍（打）铁街"！

乙：佫来，厦门最特殊的屿。

甲：最特殊……猫屿、猴屿、鸡屿、火烧屿拢无够（都不够）特殊，宝珠屿、槟榔屿、鼓浪屿抑通通无够特殊……有啦，厦禾路甲思明北路的交汇处原本叫"浮屿"。

乙：哎哟，本然（本来）我想你稳当输，无想到你知识丰富者尔（这么）有本事。

甲：当好，着我问你一句话，厦门倒条街，宝贝最侪？

乙：厦门宝贝最侪……就是"典宝街"！

甲：佫来，厦门水查某（美人）最侪伫倒（在哪）一间？

乙：哎哟，讲到水查某，嘿嘿……

甲：【向观众】讲着水查某伊就嘿嘿嘿，嘿嘿嘿，嘴沫箍箍腾（口水一直流），正实猪哥神。

乙：讲了你唔通怨妒讲我风龟神（不要妒忌，说我吹牛）。

甲：我会做双保加（保险）带保证。

乙：阮（我）爱人就徛伫水查某最侪（住在美女最多）的"美人宫"！

甲：哦，当请恁（你的）爱人甲我介绍一下，会用抑𣍐用（行不行）？

乙：你是憨（傻）狗想食猪肝骨——免疯想（别妄想）！

本作品获2019年第三届福建省"丹桂奖"曲艺大赛文学二等奖。

送王船

甲：【唱】一位过一位，何时来做堆，
　　　　目周（眼睛）看江水，我君船要开。
　　　　一位过一位……
乙：好啦，好啦，着咧唱甲狗喉乞食调佫咧（已唱得不成调了），什么水啦、鬼啦！
丙：是呀，未听着先醉，听了盆（吹）大气！
甲：【对观众】人讲有呆无呆看面着（就）知，这就看出无知识的所在（地方）。好，当我问恁（你们），我头先（刚才）唱仔（唱的）是甚物（什么）你怎知（知道吗）？
乙、丙、丁：怎会唔知（不知）。
乙：伊（它）就叫作……
丙：叫作……
丁：嘿嘿……
乙、丙、丁：阮拢唔知（我们都不知）。
甲：讲煞互（让）你知！即（这）就是厦门港渔民早时唱仔渔歌你怎知？
乙、丙、丁：渔歌？！
甲：是呀！人讲"行（走）船走（跑）马三分命"，由命运安排，早时的渔民经常出海，三不五时会挂着（遇到）自然灾害……
丁：对遮仔（这些）自然灾害伢拢（他们都）感觉真无奈。
丙：哦，难怪歌声中充满了悲伤甲（和）期待。
乙：听讲当时认为即是无形中的安排，咱渔民则会受灾受害，所以，着扶请代天巡狩的池府王爷，则（才）有法将命运好好安排。
丁：求伊斗（帮）保庇伫（在）厦港龙珠殿坐在在（稳稳的）。
丙：抑（还）有同安西柯吕厝、海沧钟山即个所在。
乙：湖里钟宅、思明何厝拢有安排。

甲：着！王爷公一下上班坐上台，将历史资料详细看看睰，认为……

乙、丙、丁：啥代志？！

甲：咱无甲人照起工来（按规矩办事）？

丙：哦，是啥代甲人无照起工来？

甲：嗒，你甲看，咱去讨海，甲人（把人家）鱼虾鲟蟳大船细船载倒来刮（杀）。

丁：着！拢食食落去腹肚内（都吃到肚子里）。

甲：你讲海龙王是唔是会气亥亥（很生气）？

乙：是呀，是会即款代（是会有这种事）。

甲：你讲是唔是三不五时会受气起挽面（变脸），做风作泳番汰汰（乱来）？

丁：着，着，着，会受气抑是（生气也是）难怪。

丙：稳是无甲（没与）人礼尚往来，则（才）会发生即款代。

甲：所以，要求五年二摆抑是每三年着一摆，由伊坐船去甲海龙王等众神啉烧酒交陪来和解（才行）。

乙：即条建议完全正确，提了赡歹（不错），是着（要）和平相处则应该。

丙：着！着搞好邻里安定和谐团结则会使（才行）。

丁：促进中华优良道德品质发扬是应该！

甲：每一摆，船内拢着甲（都得将）猪头、猪肚、鸡、鸭、鱼五牲来安排，佫有香客送来的柴米油盐菜……

乙：听讲佫（还）有生活用品等等拢办互真精彩（都给料理得很丰盛），规船（整船）的物件是着郑、郑、郑，扎、扎、扎（满满的）！

丙：甲人礼尚往来，去做和平的大使！

丁：安尼讲经过600多年的和平往来，现在厦门、泉州、漳州甲马来西亚六甲迄个所在拢和齐（都齐心协力）做好事送王船入海。

乙：寄托了人民对美好生活的热爱。

丙：体现了闽南人对海洋文化的崇拜。

甲：所以（从）对明朝初期的流摆（时候），送王船每逢闰年就按俗例三年举行一摆（次），或者是五年二摆。

丁：送王迄日，赫稳当是闹烈砌砌（那天一定热闹非凡），人人笑亥亥（笑呵呵）。

甲：每一摆送王船的流摆，拢着（都得）通过博筊（bei¹）来确定倒一日要举行送王船的仪式来拜拜。

乙：规（几）百年来，拢是用这种固定的风俗习惯来安排？

甲：是呀！然后开始做一只王船准备通送王落（下）海。

丙：哦，佫是照起工（还是照规矩）安排！

丁：实在有够厉害！

甲：煞落去（接下去）就为做好的王船，梳妆打扮画目眉，装甲金郎郎、水当当，十分精彩，千分气派，万分的大牌，亿分仔……

乙：好啦！好啦！

丙：我知，我知。

丁：人靠妆，佛靠扛，恁（你们）讲是怎样仔精彩？

甲：嗒！王船的正爿（右边）插白虎旗，倒爿（左边）是青龙旗，船后佫画一只大母只龙来表示。

乙：前后拢徛（都插）"代天巡狩池府千岁"的红色号旗。

丙：做60尊纸翁仔代表是天将、水手仔（的）身份。

乙：赫（那）正是——【以猜拳式】

丙：八面威风庄严无比。

丁：四方信众斗阵扶持。

乙：二爿（边）同胞平安顺利。

乙：一帆风顺……

众：吉祥如意！【根据效果需要安排】

甲：当咱来讲按吉时安排，送王船仔锣鼓一开台，赫是头前咣——咣咣……鸣锣开道好气派。

丙：提前通知互人拢知（让大家都知道）。

丁：王船直（快）要来，王船直要来！

甲：煞落去各种民俗阵头煞煞（接着）来：大鼓凉伞、歌仔、高甲、弄龙佮弄狮（舞龙又舞狮）……

丙：正是闹烈滚滚好气派！

甲：……腰鼓队、南音、北管、公鞅婆、旱船、车鼓弄，抑有大腹肚兼拍胎……

乙：啊？！你讲啥代？

丁：啥代？！

丙：啥代？！

甲：歹势，歹势！是威风锣鼓兼拳头师（师傅）……

乙：做你慢慢来！慢慢仔来！

丙：安尼（这样）我知，佮有鼓吹、八仙、拍胸舞、跳鼓、拍花草、蜈蚣阁一排煞（接）一排，花轿、宋江阵、布袋戏统统做一下斗阵来。送王信众是——

乙、丙、丁：兴呀！旺呀！发仔……

甲：呼喊声一阵一阵煞煞来（接连不断）！

乙：赞，赞，听讲马来西亚马六甲送王入海。

丁：抑甲咱相时（也与我们同时）进行相即个流摆（同一时候）？

丙：马六甲社区华人甲咱（与我们）有建立友好条例的安排，成立合（和）挂了《中国—马来西亚合作保护送王船仪式工作组》即块牌，为即个共同的项目无分边界。

甲：加强合（和）促进了甲（与）海外华人华侨文化交流仔互相往来。

乙：安尼讲（这样说）咱即个国家级的"非遗"——

丁：已成为世界级大事来安排？

甲：着，因为规格提升佮恰有气派，所以王船来到海脚仔流摆，等候送王入海仪式是佮恰（更加）精彩。

乙：哦，抑若安尼（若是这样），惊日仁即我慎重仔向各位（今天在这我向各位慎重地）来宣誓表态！

丙：哦！表态啥代？

丁：是呀，是啥代？！

乙：我抑想要坐船落海！

甲：你抑想要落海？

丁：去甲（与）海龙王泡茶话仙坐台？

丙：无想要倒来（没想着要回来）！

众：哈、哈、哈……

乙：哦……当害，当害（错了，错了），一下激动即摆煞换我番汰（这次却换成我乱来），是想要参加送王船的活动来拜拜。

甲：是安尼哦（原来是这样），欢迎，欢迎！

甲、乙、丙、丁：请恁斗阵来（大家一起来）！

    由国家文化和旅游部指导，福建省文化和旅游厅、厦门市人民政府主办，厦门市文化和旅游局、中国民主同盟厦门市委员会承办，厦门市文化馆、厦门市非物质文化遗产保护中心、厦门市闽南文化研究会执行的中马"送王船"联合申遗成功专场演出于2020年12月22日在厦门举行。群口答嘴鼓《送王船》是全场来自厦、漳、泉专业演出团队中唯一的业余创作演出节目。

    作品于2021年9月刊登在《厦门文艺》2021年第3期上。

趣味闽南话

甲：请教你一个问题？

乙：哦，甚物（什么）问题？

甲：你会晓讲话抑袂（你会讲话吗）？

乙：我会晓讲话抑袂？！

甲：是呀！

乙：看你神经有淡薄（有点）问题，我袂晓（不会）讲话，即准唔是咧甲你讲话（现在不是在和你讲话）？！

甲：嗨，人我是问你会晓（懂得）讲甚物（什么）话？

乙：中国话。

甲：你会晓中国话？！

乙：只要唔（不）是外国话，是中国话我拢（都）会。

甲：当（那）我当场来甲（给）你考一下。

乙：做你来（随便），无问题。

甲：好，咱先来几句仔福州话。

乙：福州……【摇头】

甲：无来规句（几句）仔莆田话？

乙：莆田话……【摊双手】

甲：抑无（不然）客家话？

乙：你所提仔（的）我拢袂（都不懂）。

甲：你唔是讲会晓（懂得）讲中国话？！

乙：你所提仔拢是方言地方话。

甲：方言怎样？普通话抑着靠方言来搭配，各地文化、风俗习惯、风土人情拢着（都得）靠方言来传承交替……

乙：着着着！

甲：所以国家提倡推广普通话，着会记仔保护方言则会做（才行），你比如闽南话仔（在）统一祖国、对台交流方面就有伊仔（它的）优势……

乙：闽南话，我会！我会！

甲：闽南话你会？

乙：会！

甲：好，当无（不然）咱来考看是唔是讲白贼话（谎话），咱就以趣味闽南话对答题，我先讲普通话，你对答闽南话。

乙：做你来，无问题！

甲：比如讲"拖鞋"仔闽南话？

乙："拖鞋"闽南话叫作"鞋拖"，就会做（可以）。

甲：佫有两步七（还有两下子）。

乙：抑无你咧青（不然你以为呢）！

甲：佫（再）来，"客人"即（这）两字？

乙："客人"我对"人客"互（给）你！

甲：佫来，"母鸡"？

乙：我煞（续，接）"鸡母"就可以。

甲：佫来"手脚" 照原两字。

乙：我对"脚手"是唔是？

甲：我出"公鸡母鸡" 四字圆圆？

乙：我对"鸡角鸡母"抑（也）是四字圆圆。

甲：哎哟，了不起，了不起！

乙：了不起归了不起，即摆着（这次要）换我出你答则（才）合理。

甲：无甚物（没什么），无甚物，做你来，免客气！

乙：好，我出"花菜"，闽南话叫甚物？

甲："花菜"，食（吃）饭配仔菜，就是叫"菜花"啦咧甚物（说什么）。

乙：佫来，"母猪"两字？

甲："母猪"叫作"猪母"，抑若亲像你即款猪仔囝叫草猪（如果像你这么小的猪仔就叫草猪）。

乙：亲像（就像）你！

甲：着是你！

乙：好好，佮开始，我出"日出"，日头（太阳）对（从）东爿（东方）升起。

甲：小意思，小意思，我对"出日"，是唔是有够排只（是不是很厉害）？

乙：无甚物，无甚物，佮来，"顶楼" 听入耳！

甲："顶楼"就叫作"楼顶"，楼下仔楼顶即两字。

乙：佮来，佮来，"草药" 即两字属中医。

甲：又佮是倒返（还是倒转）叫，叫"药草"，抑（也）叫青草治百病！

乙：好，佮送一句恶（oh[1]，难）对仔互你，海中的"礁石"即两字。

甲：海中的"礁石"，海中的"礁石"是……

乙：赶紧对落去，赶紧对落去！

甲：有啦！

乙：叫甚物？

甲：叫"礁石"即两字。

乙：哈哈……你输甲离离离（彻底输了）！

甲：啥人咧输甲离离，叫石礁（da[1]）啦！挑工甲你郑青（故意与你装不懂）。

乙：哦，原来是安尼（这样）！

甲：因为闽南话是真有趣味，所以，小朋友逐个（大家）着认真学习，学好闽南话则是（才是）。

乙：着，有道理！

2022年8月，该作品获由福建省文联、教育厅举办的第五届福建省曲艺"丹桂奖"少儿大赛文学奖二等奖。

人口均衡促发展

甲：工会工作除了四项基本职能做互四是，有一条着特别注意。

乙：哦，啥代志（什么事）引起汝（你）特别重视？

甲：为迎接党仔（的）二十大召开，为社会全面发展来做，一定着配合做好人口均衡搭配。

乙：哦，伫即方面（在这方面）有甚物（什么）具体事例、切身仔体会，甲阮（给我们）介绍一下？

甲：汝看，阮（我）父母只生我一个，无兄无弟抑无（也没）姐妹，现时政策好，人民日子好过，无顾无虑自然有好仔身体。

乙：是呀，免（不用）苦食（吃），免苦穿，免苦用，恰（较）困难仔政府佫（还）会救济，人民生活水平比以前提高规落倍（好几倍），说明共产党领导仔好形势。

甲：就讲阮安公（我祖父）今年已经100岁，阮安嬷（我祖母）98岁佫（又）6个月，身体勇（壮）佫有好体格，体操运动员差不多即款势（这样子）。

乙：哦！长岁寿是当前发展仔趋势。

甲：抑（还）有80岁仔阮老爸，佫有76岁仔老母合伊走相缀（与他同行），身体灵活，行路亲像（走路好像）跳舞仔姿势。

乙：哎哟，是无（不）简单仔一家。

甲：虽然岁寿（寿命）长、好身体，但毕竟脚手恰输成会恰退（手脚不灵活、比较差），抑着（也得）需要阮三不五时去甲照顾一下（我们经常去照顾他一下），所以阮翁某（我们夫妻）除了上班，其他时间是无闲甲卜（要）做狗爬（忙得不可开交）。

乙：即是现实仔一个大问题，翁某两个人卜照顾四个，若连外家煞着照顾六至八个？

甲：是呀，汝讲（你说）我规日（整天）怎会𣍐火龙火尾（怎不会心急火燎）？

乙：会，会，会！

甲：汝讲我规日𣍐圆圆踅（你说我整天不会忙得团团转）？

乙：会，会，会！

甲：汝讲我规日𣍐做狗爬（你说我整天不会像狗似的跑进跑出）？

乙：会，会，会！

甲：汝讲我……我……我……【或可做眼睛翻白、心急火燎要断气状】

乙：好啦，好啦！恰（较）平静唔通（不要）心狂着火，唔通心狂着火。

甲：咱是苦唔老人食甲百二岁（巴不得长辈活到120岁），问题是只有阮单操两个（只有夫妻两人），惊甲老人顾无好势（怕照顾不好老人）。

乙：着着着，现时人人拢（都）有一个健康仔好身体，愈来愈侪（越来越多）是老人家，愈来愈少是新兴力量仔少年家，安尔做工仔少领养老金仔侪（多），经济上就失去平衡仔搭配。

甲：根据统计，全国60岁以上人着占2.6亿，无少有加，所以新兴仔人口逐年着（每年要）按比例增加，则（才）会解决问题仔实际。

乙：国家经济发展一定程度是靠人口来实现仔，劳动力减少就会减少国际竞争力。咱是一个工业大国，需要靠劳力创造财富，参加竞争，发展经济。

甲：安尔讲咱仔（这么说我们的）养老金是靠国家经济发展积累仔，若无（如果没有）增加收入，实拄实仔（实打实的）养老金卜找啥人提（找谁要）？

乙：就讲甲咱切身关系仔房产即一块（这方面），厝着（房子要）有人徛（住）则（才）有收入则会稳定发展经济，厝若无人买，房价和房租卜倒落找（哪去拿），所以人口着保证则会全面搭配。

甲：讲了佫是有够闪势（说得很好）。

乙：所以，针对遮（这些）问题，根据实际，人民政府重新调整规划，一个家庭会做加煞（增加）两至三个。

甲：安尔好，安尔好，会做佫加娶两三个，我揭（举）手赞成保证通过。

乙：汝甲我煞煞去（你给我算了吧），看汝想对倒一地（想到哪儿去），是一对夫妻会做续落去加生两三个。

甲：啥，赫煞着绝（那不倒霉透了）！我今年58岁，阮某（我老婆）56岁，若卜佫生（要再生）两三个，唔佫父老囝幼，仙祖无救（不就父亲年纪大，孩子年少，连神仙都救不了），有时无好势（没有怀好），甚至煞（却）会泻（落）胎？

乙：嗨！嗨！嗨！看汝想想去倒一地，我讲仔是已婚符合政策规定仔少年家。

甲：原来是即个势（这个情况），互（让）我蔡一下（吓一跳），唔佫（不过）现时生团仔成本不断增加，对（从）幼儿园到大学毕业仔时节，家长开销是以前几十倍。

乙：即一条做汝放心免烦恼赫尼侪（这一条你尽管放心，不用烦恼那么多），保证互汝（让你）有赚免赔，政府出台了相对优惠条件做鼓励，关于优惠仔问题详细仔咱下回则佫叙（再说）。

甲：照汝介绍仔，以后团儿侪（儿女多），类似我即款（这种）问题，就有人斗脚手免烦恼赫尼侪（就有人帮忙，不用烦恼那么多）。

乙：这就是"多子多福致阴爸（罩着父亲），侪（多）媳妇侍候大家（婆婆）"。

甲：当好（那好），当好，我着赶紧倒去（回去）动员阮后生（我孩子）媳妇按国家仔要求合（和）政策着生三胎。

乙：汝呀，佫是真操性蒂（急性子）！

甲：咦？！唔佫有一个问题汝听我叙（你听我说），即个生团仔是卜按个抑是按胎（不过生孩子是要按个算还是按胎算）？

乙：即句话怎样叙（什么意思）？

甲：若赡挂好（如不凑巧），一胎生四个，三胎唔着（不就）12个？

乙：抑若安尔（如是这样），咱着按《中共中央国务院关于优化生育政策促进人口长期均衡发展的决定》精神，共同学习来贯彻互好势（让它更好）。

甲：人口俉卜均衡搭配，工会工作一定着缀（要紧跟）党中央要求去做，安尼万项拢无问题（这样万事都没问题）。

乙：着，着，着，闪势（很好），闪势！

原载于2022年8月《厦门工人》杂志

芗曲说唱

当归

阳光灿烂映朝晖,
百花含笑向阳开。
千里岷山尽欢腾,
当归丰收笑微微。
看着祖国好当归,
心肝规粒（整个）重槌槌。
台湾当归最宝贵,
无伊药性赡发挥。
手提丰收好当归,
腹肚随时激规雷（打结）。
骨肉兄弟分两位,
赡得相见通做堆。
看着当归想亲人,
暝想日想目箍红（热泪盈眶）。
小弟你今徛伫（住在）基隆港,
阿兄（姐）合你各西东。
三十年前来割断,
祖国台湾做两塼（dnēng）（段）。
亲人有去无回返,
暝日想念心头酸。
同爸相母亲兄弟,
二人折开三十年。
心心念念卜（要）相见,
盼望早日通（可以）团圆。

白：想着同腹亲小弟，
　　也想着台湾的亲成五十好厝边。

　　大家见面有话讲，
　　同款风俗同祖宗。
　　千百年来有来往，
　　现时音讯即赡通。
　　翻开各人的族谱，
　　字匀灯号（族谱、堂号）赡含糊。
　　若对历史来考古，
　　印龟印粿一个模。
　　历史详细有记载，
　　卫温和诸葛直漂洋过海，
　　统率甲士万外人，
　　奉孙权之命到夷洲来。
白：夷洲就是台湾最早的地名。

　　从此各朝代派使节，
　　两地人民密切往来，
　　开垦建基贸易通商，
　　台湾的山河巧安排。
　　一六二四年起烟烽，
　　红毛鬼子夭寿亡，
　　出兵强占台湾岛，
　　刣（杀）人放火若阎罗王。
　　红毛得逞人民不幸，
　　人民不断起来斗争。
　　民族英雄郑成功，

收复台湾下决心。

白：就是伫许当归——

跟去台湾的开基祖公，
跟随国姓爷去冲锋，
神兵一到红毛投降，
万民烧香迎郑成功。

白：当归，当归，应当归——

手捧祖国好当归，
红花伫咱心中开。
千言万语讲飿尽，
盼望亲人相做堆。

白：当归，当归，骨肉兄弟，亲姐妹应当归——

早日回到祖国怀抱，
逐个团圆到阮兜（我家）。
刣鸡刣鸭炖当归，
烧酒饮甲挂喉咙。
时局形势已经定，
统一大业卜完成。
共同语言共同心，
兄弟团圆喜盈盈。

1982年11月，刊登于由厦门市群众艺术馆编印的《厦门市参加省业余创作评奖节目汇编》（曲艺专集），由厦门人民广播电台、中国人民解放军福建前线广播电台录播。

厦门说书

《王永庆传奇的一生》序篇

一位对（从）16岁艰苦创业开始，
一直打拼仔到92岁为止。
伊对借来的200元做本钱，
一直到资金达到68亿美金的生意。
对一间瘦瘦仔的米店小头家做起，
一直做仔到坐上"世界塑胶大王"的位置。
这唔是一位普通人想做就做会到的代志，
抑唔是任何人拢有才调（本事）创造会出仔奇迹。
伊若唔是神，怎有办法安尔？
如果若是神，到直（到底）姓啥名什么？
当好，为了唔互你加了时间多猜疑，
伫遮现煞（在这马上）回答你：
即位神，号作"经营之神"即四字，
伊仔尊姓大名就是——
台湾上盖（相当）出名仔台塑集团董事长王永庆先生。
安尔回答唔知是唔是互你会满意，
若无满意，
好！我佮甲你透露一丝仔，
伫世界华人商界流行一句话是安尔：
正手李嘉诚，倒手王永庆先生。
一位经商之神甲一位经营之神配比，
伫世界商业界非常出色仔显示了家己（自己），
作为中国仔老百姓，咱嘛感到骄傲无比，
因为是中华民族仔智慧伫伲（他们）身躯顶充分体现仔标志。

听众朋友：
恁稳当对王永庆的一生充满好奇，
稳当真想要了解彻底？
安尔好，就让我斗斗仔是，
先对王永庆伲安祖王天来先生，
怎么到台湾开基创业的那当时讲起，
恁就慢慢地甲听落去：
讲的是清朝道光年间的代志。
伫福建省闽南地区迄角势（那个地方），
有一个伫当时相当繁华的城市。
当时，真侪人拢想要来遮碰运气，
五路的生意人拢来遮（这）做生意，
唔若国内的生意做𣍐了离，
甚至做仔到番仔所在去。
经济的繁华带来了文化生活多种多样、丰富无比：
什么拍胸舞、贡球、梨园戏，
南音、高甲、布袋戏，
民间小调，阿有拍城戏，
赫是一棚一棚煞落去，
规年通天是甲闹热砌砌。
真是一派太平盛世繁华的好景致，
这个好所在就是非常出名的泉州市。
距离泉州府大约60偌（多）公里，
有一个小县城安溪，即两个字就是伊仔地址。
安溪，早时名叫"清溪"即两字，
自宋宣和三年改名叫安溪就一直到甲即准（现在）为止。
安溪又叫凤城，上（最）出名是铁观音乌龙茶米，
即个所在山清水秀，亲像茶叶相款赫尔仔水（那么美），

123

赫尔清香甘甜有滋味。
咱讲仵县城外有一个叫金田的乡里，
乡里内住一户人家，
几代人全靠租田种作来度日子，
户主名叫"王天来"即三字。
这个王天来生做高强大股（壮）面路佮搭配甲真四是，
伊唔若落田种做的功夫相当排只，
而且佮有一个经商做生意的脑子。
唔佮仵安溪这个小小的社里，
伊㑉输是一尾活龙互人困仵溪边，
任伸拢伸㑉直，佮恰无法翻山倒海钻水味，
伊常常是"想要做牛抑无田通犁"迄款怨叹家（自）己。
唔佮王天来自小就有雄心壮志，
伊唔甘愿就安尔一世人种田无闲砌砌（忙得很），
伊想要发达，想要出外拍拼（打拼）赚钱，
想要仵伊即世人彻底改变贫困的日子。
有一日，仵月圆月光的下昏（晚上）时，
王天来甲佴某（老婆）林槿叫来伊床边，
伊想要甲伊（把他）的想法合（和）伊商议。
当时王天来正仵咧破病（生病），
所以伊目屎（眼泪）挂目墘对佴某讲起：
"贤妻啊，当初我合你结为夫妻时，
本想凭我的能力互你过上好日子。
无疑，天无从人意，
我就是有天大的本事合不甘落后的志气，
抑会互家境的贫困挡死死。
看势仵金田即角势，
想要转贫为富的希望已经是无半丝，

你安尔缀（跟）我继续食苦落去，要倒落会挓（哪儿行）。
倒不如让你改嫁找一主好主（一个富贵人家）的过上好日子，
安尔我的内心则过会直去，你讲是抑唔是（是不是）？"
王天来的家后姓林名槿单独一字，
原是安溪城内有钱人的囝儿，
只因道光年间泉州即角势，
英国烟客做鸦片横行霸市，
致使城内林家生意受到冲击破产了钱（赔钱），
伊就嫁互（给）了王天来先生。
这个林槿不但五官清秀生做真水，
而且又佫是有才华有品德，是一个好女儿。
伊只因为嫁互王天来有部分是天灾人祸所致，
大部分是伊对王天来的人品才学引起。
自早两家人加少有行踏（交往）有来去，
则（才）者有县城内的水查某婴，
嫁互村脚作田人这号奇怪的代志。
如今林槿看倒丈夫没有机会出头天，
则安尔咧灰心丧气，
伊不但甲伊安慰而且又佫鼓励伊：
"天来，当初我嫁乎你，
并没想要过大富大贵的日子，
我只希望平平安安就真满意，
俗语讲'一枝草一点露，天无绝人之路'就是安尔生，
佫讲咱的日子也不是过了真甘苦无比，
你天来也唔是够到无出头天日子的时（的时候）。
既然感到困在金田这个小土地无出头天，
倒不如想办法去泉州还是福州去打拼找出路就是。
我就不相信咱这世人就亲像'师公跌落屎穴'安尔无法度，无

法可医！"

破病在床的王天来先生，

无想到伲厝内（老婆）伫这个流摆对伊佫会者尔（还会这样）支持。

互（给）病中的王天来感动甲目屎挂目墘（热泪盈眶）：

"林槿我的好妻儿，有你这句话表示，

我就是死也感到无什么挃。

你讲了实在有道理，我一定要对病床爬起，

咱一定着出外打拼即是。

只是泉州、福州咱拢不去，

若要就干脆到恰远仔所在去创业建基，

永远甲这个靠山林农业种做仔所在脱离。

而且我无想要伫福建这个所在倚起，

原因就是官府乱收税乱刮（kao）剥钱，

简直无顾老百姓仔生抑是死。"

林槿听了感到真有道理：

"照你说的安尔，如果泉州福州拢不去，

总无将我母仔囝带到天边海角去！"

王天来感到林槿的担忧并无怪奇，

自从伲结婚以来这规年，

伊合林槿已经生了两个后生，

大仔王庆纯即准已经是四岁仔年纪，

二仔王清木抑已经有二岁二。

佫再加上老母伫身边，

一家五人虽然伫金田即角势，

日子过仔三不五时咧吹哨子（经常没有钱），

不过苦中抑有真多仔趣味。

每一摆若伲厝内抱迄两个后生来到王天来面前时，

在苦水中挣扎仔王天来是满面笑嘻嘻。

现时，突然决定要离开甲伊育饲仔金田乡里，

心肝头赡输乎人用手大力一下捏，

有一种讲赡出伤悲对心头起。

伊对故乡这片青山绿水仔感情抑是脱赡离，

不过若无离开金田这个乡里，

即世人永远无出头天。

厝内仔种种顾虑并无改变王天来想要出去发展仔心意，

伊目屎若流对個某讲起：

"林槿我的好妻儿，

我不去泉州也不去福州并无为什么，

只是因为即准（现在）迄角势四界拢有英国番仔料理，

個用鸦片毒害咱中国人根本无法无天，

咱若佫到迄个地头，阿唔着乎番仔来甲咱欺（还是会让外国人欺负）？"

林槿听了感到有道理，

不过还是赡放心即项代志呣（一件事）：

"天来呀！福州泉州既然无法通去，不过天下即尼（这么）大，

总嘛着有咱通去仔所在即是！

只要有一条路通去，我一定跟你到底，决定不移。"

王天来听個某讲安尼，就将思考真久仔打算甲個某商议：

"若甲乎英国人欺负相比，倒不如跑到海仔迄边去！

我听讲迄边真好做生意，

咱伫金田乡里，可以种田，可以种茶米，

到迄边去照原做田种茶米，有机会咱各做淡薄仔瘦（小）生意，

只要咱骨力（勤劳）打拼总是有出头仔日子，你讲是抑不是？"

林槿一听惊甲半小死（吓得半死），双手紧紧揪天来问伊：

"你是讲，咱也要去台湾迄角势？"

"无啀着，咱就是要到台湾去！"
早在规（几）年前，王天来注意到仔一个现实是，
大批在金田无法生活的农友兄弟，
一个一个逃亡过海去，规年后倒返来乡里，
有的改变了贫困变甲真排只，
有的变成有钱人，袋仔饱饱拢是钱，
有的甚至一步登天，变成盐商茶商做大生意。
当然，王天来所以想要到台湾抑有一个秘密，
这个王天来佢老爸很早就过生去，
只有甲佢老母许雪娘相依为命过日子，
佢老母自伊细汉时，就经常甲伊讲台湾迄爿（边）仔代志。
佢老母有知识识字，伊甲佢某林槿相款是四脚底（富贵）人家仔孩儿，
自从嫁到王氏家族到目前为止，就一直在即个乡里啀八四界（从未四处）去。
至于许雪娘也想卜去台湾是为什么？
因为许雪娘仔规个兄弟，真早就漂过海到台湾做田做生意，
晚年仔许雪娘父母抑已经到土州卖鸭蛋去（也过世了），
所以伊真想念台湾那爿（边）仔兄弟。
如今，王天来已知影偌佫贮佇（仍还在）金田乡里，是死窖啀（不）是放生池，
想要出头天只好是下世人的代志，
但是，若去泉州福州又惊落佇英国番仔手内乎因搓圆捏扁，
安尔啀佫卡死！
所以，伊者下决心要带某囝（老婆孩子）到台湾拼看有无出头天。
即时，王天来伊老母呛声支持：
"好媳妇，好儿子，
要去台湾我同意，要去就全家斗阵去！"

虽然老夫人生活在金田几十年，
但伊不时也有想行出这个山腹内仔心意，
伊照原亲像年轻时迄款仔雄心壮志，
当地人拢用女中豪杰仔称号来呵咾伊（夸她），
就是食仔甲即准（到现在）这个年纪，
抑是想要离开金田这个贫困仔乡里。
所以许雪娘听佃后生提出这个大胆仔建议，
当然是鼓励佃后生：
"既然去泉州也无法通维持，
干脆当作赌博处理，看是要生还是死，
要缴（赌）好势，咱王家就好面无豆仔籽（脸上没青春痘），
若拼无好势，也无什么，
最多伫台湾甲金田这相款过苦日子。"
林槿看伊讲话斗力有意志，伊抑下了最后的决心表示：
"虽然我无什么想要到台湾去，
不过为了王家的后代过上好日子，
就是有天大的痛苦抑无算什么。"
就安尼，喊声是头尾离，
王天来一家人在道光二十五年，一个秋天尾冬仔透早起，
由老夫人许雪娘吹哨子举红旗，
搭船对泉州港往茫茫仔大海漂去。
迄当时，王天来根本着不知影台湾是圆是扁，
是穷到要死，还是富仔上天，
是凶险抑是吉利，命运对一家人要怎样排比，
拢是无法预见的一场戏。
但是做人总是甲家乡仔情感永远脱不了离，
当王天来佃真正离开生活了几十代人仔社里，
在茫茫仔大海中浮沉仔时，
伊合佃厝内林槿只想要大哭来出出气。

毕竟泉州合安溪是個祖先在这开基，
有個世代相依为命仔亲成五十门口厝边，
以前因为这个所在穷死死，伊咒誓吐沫要离开伊，
一旦真正离开这个熟似仔土地时，
一种说不出来仔心情是目屎挂目墘。
海天茫茫，天涯无边，
想起当船要离开泉州港迄当时，
王天来久久在船头看渐渐离开仔泉州市，
一直看阿到时一片茫茫大海已经无故土仔身丝，
伊则依依难舍仔回到船底内個某身边，
林槿抱着两个不知代志仔后生，
也是鼻流沫滴，目箍红叽叽。
在这场甲命运赌博中许雪娘是主导作用仔支持，
老夫人对头到尾目屎无流半滴，
伊仔刚强合毅力是一家人精神仔中直园。
就是在以后仔规十年，当许雪娘伫台湾病死，
而王天来当初来台湾仔意志，
虽然是经历了千辛万苦，伊抑佫是照原坚持，
在这个内心真正鼓励伊仔原始动力，
就是伊心中個老母迄款仔精神乎伊坚定不移。
听众朋友，今仔日仔故事暂时到这为止。
海天茫茫，天涯无边，
王天来一家人唐山过台湾是苦还是甜，
命运是要怎样来甲個料理？
精彩的内容听我下一次继续讲下去。

　　《王永庆传奇的一生》共60回，约15万字，一韵到底，先在厦门卫视，后在厦门闽南之声播放，再由中央人民广播电台对台播放，创中央台对台广播有史以来故事章回最多、文字最多、演播时间最长的纪录。

论文

略谈答嘴鼓艺术的良性发展

答嘴鼓，流行于福建省厦门市及闽南其他地区和台湾省、港澳地区及讲闽南方言的海外同胞中，是一种喜剧性的以二人对口争辩为形式的传统说唱艺术，近似北方对口相声，但又不尽相同。答嘴鼓的对白是严格押韵的韵语，语言节奏感强，生动活泼、丰富多彩，通过诙谐风趣的闽南方言词语和俚俗语构造笑料，注重情节的展示与人物的刻画，从而表达一定的主题。

2006年5月20日，答嘴鼓经国务院批准列入第一批国家级非物质文化遗产名录。几十年来，在新老传承群体的共同努力下，答嘴鼓艺术的发展取得了可喜的成绩，但在前进的道路上受社会大环境的影响，难免会出现良莠不齐的现象。这也是事物发展的必然规律，但无论事物如何发展，都将回归良性发展的轨道上来。

为什么提"良性发展"这词儿呢？"良性"两字的解释是事物之间相互关联、互为依托，组成一个循环滋生链条，形成共同促进的因果，即产生好的效果，不会有坏的后果的循环效应。

良性就需要正能量，答嘴鼓艺术（包括其他曲艺项目）的发展就需要加深对"良性"的认知。所以把"良性发展"放在答嘴鼓艺术上，就是为了答嘴鼓艺术在语言表达上、肢体动作上、表演形式上、媒体宣传上、艺术道德上和观念上，按照艺术发展的规律健康地生存和发挥它的作用，这样才能在传承的道路上立于不败之地、持续发展。

艺术是什么？艺术是意识形态，是意识形之于态。答嘴鼓艺术大师林鹏翔（福建省曲艺家协会原主席），除了我们这代人熟知之外，现在的年轻人对他根本不认识，更谈不上了解，但表演他的答嘴鼓作品，他们就品得出他的风格、性格和为人，有如我们看（听）一个表演一样，可以从表演中看（听）出这个人对艺术的态度。也就是说，用他塑造出来的形象来反映现实生活，比现实更具有典型性。一个好的作品或者一个好的演员在与观众交流中是很有影响力的，但由于艺术在发展过程中，往往会受不良影响的冲击，一旦经受不起考验就会造成负面影响，受伤的不仅是答嘴鼓艺术的声誉，还有广大热爱答嘴鼓艺术的人民群众。

正如有些观众，尤其是那些懂得答嘴鼓艺术的老厦门人，看了某些答嘴鼓表演后，私下感叹："这就是答嘴鼓？！"我作为台下"旁观者"听了心里真不是滋味！当演员还在台上沾沾自喜时，观众的心却沉重起来，真是恨铁不成钢呀。这说明了台上演员的一些表演（作品）与台下观众的预期和要求存在很大的距离。这是一个严肃的问题，必须引起我们答嘴鼓工作者的关切和注意。

在语言表达上：应反对低俗、庸俗不堪、粗糙不雅的语言，不能让不规范甚至粗俗化的用语代替文明、高尚、优雅的用语；应在艺术性发展的环境下，提升语言的文明和质量，把歌颂时代的真善美作为首要任务，在制造一个文明、和谐的社会环境中，起净化语言环境的功能。以习近平总书记在文艺工作座谈会上的讲话为鉴："文艺是铸造灵魂的工程，文艺工作者是灵魂的工程师。好的文艺作品就应该像蓝天上的阳光，春季里的清风一样，能够启迪思想、温润心灵、陶冶人生，能够扫除颓废萎靡之风。""凡作传世之文者，必先有可以传世之心。"广大文艺工作者要高扬社会主义核心价值观的旗帜，充分认识肩上的责任，把社会主义核心价值观生动活泼、活灵活现地体现在文艺创作中，用栩栩如生的作品形象地告诉人们什么是应该肯定和赞扬的，什么是必须反对和否定的，做到春风化雨、润物无声。大家不仅要在文艺创作上追求卓越，而且要在思想道德上追求卓越，更应身体力行践行社会主义核心价值观，努力做到"言为士则、行为世范"。所以倡导文明用语，需要更多的自爱、自律能力以及自觉的道德规范的制约力。力求艺术上的雅俗共赏，也是我们共同追求的目标。

在肢体语言上：肢体语言其实质是在无言语的情况下，通过身体各处大大小小的动作和人沟通的一种交流方式，其核心就在于用肢体组合成一套无声的言语表达人们的思想。有一份数据表明，一个人要向外界传达完整的消息时，单纯的语言只占7%，声调占38%，另外55%的信息是用非言语的肢体语言来表达的，而且肢体语言通常是一个人下意识的举动，很少带有欺骗性。因此，肢体语言也成为人们判定事物和相互沟通的一种重要方式。所以，一个演员在舞台上哪怕一个小小的举动，都会给观众带来或正面或负面的影响，如果演员为了迎合某些人的感官需求或追求效果，一味地做出艳俗、媚俗、低俗、出洋相、贬低作践自己等行为，有损的除了演员自身以外，还损坏了答嘴鼓艺术的声誉。目前的答嘴鼓艺术虽然尚无法成为一种专门职业，只是业余爱好，但作为国家级非物质文化遗产项目，我们要传承发展，就绝不能马虎应对，敷衍了事，应在非遗传承的角度，以艺术的规范，用正确认真的态度来对待。

艺术要做到雅俗共赏，我认为雅俗共赏应解释为典雅和通俗的共赏，典雅是用巧夺天工的构思来吸引观众，通俗是用贴近生活的创作来感染观众。也就是说，答嘴鼓艺术应成为一门既高雅又通俗、各种文化程度各个社会阶层的人都能够欣赏的艺术。所谓的"雅"指高雅，但绝不能脱离群众，不能边缘化，若内容虽高雅却超过广大观众群众的鉴赏能力，这样艺术内容就不会被欣赏，也就不该成为答嘴鼓的内容。所谓的"俗"是指通俗，但绝不是开放化、无所忌讳的表现。现在国家正大力倡导和谐社会、和谐文化，反对"低俗、庸俗、媚俗"的文化。答嘴鼓的内容和用语要接地气，反映社会生活，但不是要把粗话、脏话以及不雅的举动和有负面影响的内容，原封不动地搬上舞台，否则就是对答嘴鼓艺术极大的侮辱，也是极不负责的表现。所以，我们都应自尊、自爱、自强、自觉地维护答嘴鼓的权益，为答嘴鼓艺术负责。

在表演形式上：答嘴鼓的表演形式最先是从单口开始发展成对口答嘴鼓和群口答嘴鼓，其中对口答嘴鼓是最受观众欢迎和喜爱的答嘴鼓艺术样式。现在答嘴鼓表演存在两种现象，成人表演节目时中规中矩，按传统的曲艺表演形式和在非遗项目保护的格局下进行表演。一到了小孩专场表演时就不讲究这些了，五花八门的形式和豪华的阵容一拥而上，一年比一年夸张。我们当然不反对创新发展，但要掌握好一个度，即点到为止，因为它毕竟是以说为主的语言艺术，即使真需要表演，也只是根据剧本内容的要求，用几个小动作来完成。如果戏剧导演把答嘴鼓导成了小戏、小品，舞蹈老师把答嘴鼓导成舞剧、表演唱，或带上布景道具上台，演成情景剧等，那只能说是把答嘴鼓语言和手法引用到这些地方，只能称为剧、舞、戏、小品的类别，不能称为传统的答嘴鼓艺术。有见过相声这么表演的吗？应该是没有。新兴的相声剧在业界不被看成是与相声有关的艺术门类，准确地说，应该归到戏剧或者舞台剧等的范畴。因为它还是以戏曲（包括其他类别）为主，在戏曲故事的前提下，加入"包袱"（笑料）使其显得没有戏曲的刻板严肃。它不如电影表演方式丰富，也没有戏剧那样深厚的文化底蕴，只是比小品故事性强些而已。答嘴鼓也不例外。

与此同时，牵涉开展答嘴鼓进校园的活动中，如何从娃娃抓起，让他们从小就能得到正确引导呢？我们进校园传授答嘴鼓艺术，目的在于让该项目的推广和普及落到实处，让孩子们从小接受答嘴鼓艺术的熏陶，培养他们的兴趣，使他们从热爱到自觉地参与其中，并不是让每个学生都能成为苗子，成为表演能手。根据多年的教学经验，这些孩子离开小学后，基本上都放弃了对答嘴鼓艺术的学习，而后随着年龄的不断增长，学习和生活环境逐渐变化，能坚持到最后的寥寥无几，能挑大梁者更是屈指可数。所以，我们传授的最大目的除了培养人才找苗子外，主要的是让这些受过答嘴鼓艺术启蒙教育的孩子，最终成为我们今后的观众群体。所以，培养下一代应被视为答嘴鼓发展的重点，要加强正面的引导，唯有如此，答嘴鼓艺术才能在不断更新换代的循环中朝良性的方向发展，在正确的轨道上立于不败之地。

答嘴鼓能被文化部定为国家级非物质文化遗产项目，就说明了它所处的"濒危"和保护价值的级别，所以千万别为了追求舞台效果，造成形式上的不良发展，最终破坏了答嘴鼓传统的表演格局而自毁长城。创新更不是要求把形式改头换面，而是在作品内容上不断地推陈出新，倘若在传薪过程中过于强调创新，无视传统曲艺样式，势必破坏传统曲艺的土壤。

在媒体传播上：答嘴鼓艺术要良性发展，离不开媒体的关心和支持。长期以来，媒体在宣传推介答嘴鼓艺术方面起到了锦上添花的作用，让更多的人、更多的地区了解厦门、了解答嘴鼓，特别是促进了新厦门人入乡随俗地对答嘴鼓艺术的认识、热爱，甚至投入，使答嘴鼓这门艺术获得更广阔的发展空间。但凡事要一分为二看待，在带来好处的同时，也存在不足之处，如个别媒体人由于业务不大熟，把方言顺口溜、方言相声，甚至闽南童谣当作答嘴鼓报道等，特别是一些媒体对"大师"和"仙"称呼的使用太过随意，这是个问题。在答嘴鼓业界，"大师"和"仙"是需要具备一定条件的，即使成了该项目国家级的传承人也不一定能成为"大师"和"仙"之级别。如因宣传报道之需在非正常用语的调侃时可对"大师"和"仙"字加引号，但在正式场合或正规文字说明上就得斟酌。艺术大师，就是在某一领域具有鲜明风格的，且其作品（表演）有艺术高度和难度，以创新为己任，为丰富艺术表现语言耗费毕生精力而获得成功，引领潮流，并对当时社会及后世具有巨大影响力的、为大家尊崇的、杰出的艺术集大成者，也是大家公认的谦虚低调者，并且是德高望重者。而在"仙"字上的应用比较广，配得上"仙"字之称的一般是指从事某种职业或技艺的能手，如"数柜仙"（账房先生）、"拳头仙"（拳师）、"草药仙"（土医生）等。在"讲古仙"字上的应用，闽南有句俗语道："讲古仙敖话仙（能说会道），任讲都讲𠊎嬗（不累），无册通读也会家己编（没有书读也会自己编）。"说明其在艺术上有一定的造诣，不是随便的人都能成"仙"的。有的小朋友"看高不看低"，"看近不看远"，过多地上电视、上报纸，意志较薄弱的，会造成心理膨胀，自我满足，自以为是，以至于停留在原地找不到突破口，所以媒体在这方面应给予正确的引导，不要把"仙"字套紧，套紧了就动不了了。本来出发点是好的，想通过他们鼓励更多的人参与这项活动，但有时适得其反，"仙"当不成倒成了"仙公"（老油条或投机取巧者）。

良性发展也包括在答嘴鼓学术共识的理念上，每个人都应放弃狭隘的强调自我的世俗观念，应以发展的眼光求大同存小异，从大局出发，从整个闽台地区，包括海内外的艺术共存的观点，以认真的、实事求是的态度，以海纳百川的胸怀，做大、做全、做强答嘴鼓艺术。这样答嘴鼓艺术才能在传承的道路上越走越稳，越走越坚定，越走越有信心。我们唯有透过现象看本质，答嘴鼓才能除劣存优，健康地发展。因此，广大的答嘴鼓工作者都应以习总书记的话共勉之："追求真善美是文艺的永恒价值。艺术的最高境界就是让人动心，让人们的灵魂经受洗礼，让人们发现自然的美、生活的美、心灵的美……我们要通过文艺作品传递真善美，传递向上向善的价值观，引导人们增强道德判断力和道德荣誉感，向往和追求讲道德、尊道德、守道德的生活。只要中华民族一代接着一代追求真善美的道德境界，我们的民族就永远健康向上、永远充满希望。"

相信在广大人民群众和答嘴鼓工作者的共同努力奋斗下，答嘴鼓艺术将焕发出更美好的青春活力。

原载于《海峡曲艺》总第9期

略谈答嘴鼓艺术
在两岸交往中的传承与发展

答嘴鼓是一种喜剧性的说唱艺术。它以深厚的生活积淀、丰富的民俗知识、多彩多姿的民间语言、严格鲜明的音韵节奏为基础，以爆笑为主要艺术手段，以幽默、有趣为艺术手法，巧妙地运用丰富多彩、生动活泼、通俗易懂的闽南方言词语、俚俗语，在严谨的组织结构上和严格的韵语节奏下，在轻松愉快的气氛中，通过两人互相戏谑争论而成为一种自然、健康的曲艺形式，深受听众的欢迎和喜爱，在海峡两岸及讲闽南方言的区域广为流行。

答嘴鼓的名称与特点

答嘴鼓，原名触嘴鼓，又称拍嘴古、答嘴歌、答嘴古，台湾人民称触嘴鼓，漳州地区又称接嘴鼓。在闽南方言中"嘴鼓"可作为"嘴巴""腮"来讲，答嘴鼓是专靠嘴巴的对答来表达和完成一定的主题内容的，以说为主根的语言艺术，在曲艺中属相声类的说话艺术。

这个说话艺术是如何最终归纳定名为现在的"答嘴鼓"三个字的呢？这个名称是在台湾老艺术家宋集仁（兰波里）先生的建议下，于1971年正式定名的。他认为"拍""触""答"等在闽南方言中即打诨、斗口、舌战、挑逗、激发、争辩斗嘴的意思，通常是通过两个人的戏谑论争、对答的方式进行，所以应以"对答"的"答"字来比喻比较确切。

作为一种语言艺术，它在答嘴鼓艺术演变的历史上曾使用过鼓。早期社会，闽南民间丧事习俗盛行，丧家都要请和尚和道士为逝者做功德，做功德中要交叉演"道士戏"，道士和和尚使用扁鼓、小钹、品箮、南嗳、大吹之类的乐器演奏，作为段落之间的间奏。鼓是起指挥、打拍子的作用，而且它的表演形式也和现在比较接近，所以用"鼓"字表达是再恰当不过了。而后答嘴鼓这一名称已被广大群众接受和认可，"答嘴鼓"三个字就确定了下来。这是老艺术家兰波里先生根据答嘴鼓在当代发展的新特点，总结性地为这门说话艺术起了一个更能概括其特点的新名字，是兰波里先生做出的又一贡献。"答嘴鼓"三个字也作为正式的条目，由答嘴鼓艺术大师林鹏翔亲自撰写词条刊载入《普通话闽南方言词典》《中国大百科全书·戏曲曲艺卷》《中国戏曲曲艺词典》和《中国民间艺术大辞典》中。

2006年，厦门答嘴鼓被列入第一批国家级非物质文化遗产保护名录，正式进入国家非物质文化遗产保护行列。

答嘴鼓为什么深受观众的喜爱和欢迎呢？主要是它的特点喜人。答嘴鼓是通过幽默、诙谐、风趣的语言，你一来，我一往，句句上韵地巧妙对答，制造效果而达到目的。在戏曲中的运用，答嘴鼓充分发挥它的艺术特点而吸引听众，例如形容美貌女人的对答：

乙：【模仿表演】你即个狗奴才？本公子差你去探看睬（bbai⁵），看迄个小娘子生成啥体态，姿色好共（或）歹？阿你全无讲我知，直透咧拖物代（为啥一直拖着）？

甲：公子呀，慢吞食无份（慢了就吃不着），若论即小娘子是二八正青春，面似桃花免抹粉，眉如新月初出云，脚穿弓鞋缚三寸，双手白白真幼润，特别是看人时阵（时候），目尾一拖嘴一吻（bbǔn，抿）……

乙：哇！狯输（好似）仙女下凡落花粉，抑是西施出世来转魂。

甲：哎哟，赫是瘖疴（驼背）看着狯伸轮（伸不直），缺嘴看着狯含唇（合不上嘴唇），代公（艄公）看着狯使船（无法撑舵），师公（巫师）看着狯（不会）引魂，箍桶仔（修木桶的师傅）看见煞狯箍尿盆。公子你若看着呀，规股人会煞晓晓颤哦（整个人都会颤抖不止）！

再如形容女子很丑的对话：

甲：当就听来！【模仿表演】我讲老安大，你敢着看破，即个千万唔通（不要）娶，娶着你会顿心肝（很伤心）！

乙：阿我钱银开尽偌（lua）（钱花了那么多），伊（她）面圆面扁阿都抑未八看（长得啥样都没见过），总无就安尔放死煞（难道就这样算了）？

甲：该看破抑是（还是）着看破，即个查某是涨食兼臭惮（dnuà）（这个女人是好吃懒做、闹事的料），衫裤规年呣八换（衣服整年都不换），弓鞋横直三寸半，头壳一粒米斗大（头如量米的斗），目周若酒盏，嘴仔若八角碗，鼻孔阔若虎头山。

乙：哎哟，是生甲祛势佫瓜蛇（生得难看，皮肤粗糙，身材又细长瘦小），东施若在世嘛呣（也不）敢看。

甲：伊呀！正实蟹看哞澜（冒口水），虾看倒弹，鬼仔看着流清汗，田蛤仔（青蛙）看着跳过田岸，你若看着呀，准是规股粟咧互人拖（瘫着让人拖）！

答嘴鼓答的内容由于来自民间、来自平民百姓生活中的点点滴滴，反映的是与老百姓息息相关的生活话题，是草根文化经艺术加工的再现。所以，它让人们在笑声中得到艺术和美的享受。

答嘴鼓艺术的形成与演变

答嘴鼓艺术究竟源于何时，因无史料记载，所以也就不可知，但可以肯定的是，在闽南话形成的发展过程中，就已有答嘴鼓出现，有讲闽南话的地方就有了拍嘴古的传播。

闽南早先社会的发展大都处于农耕时期，农友们在农闲之时，通常三五人地聚集在祠堂祖厝边、田头田尾或聚结力较集中的活动中心，摆上简易的茶几板凳或在随意摆放的石桌、土包上，泡壶老人茶或喝几口自酿的老酒，和着可口的配料，漫无边际地、畅所欲言地"炼仙敲嘴鼓"。在逍遥自在的轻松愉快气氛中闲侃，相互斗嘴，戏谑论争，以此为乐，亦所谓"炼仙橄涵触嘴鼓，讲天讲地讲查某"。这种聊天方式可以散心，是紧张的劳动之余所必需的生活调节。由此可见,早期的拍嘴鼓雏形在自娱自乐中形成,从三言两语到小段子即兴发挥,在调侃中慢慢地讲究运用闽南话的韵音达到效果。首先从中获得好处和先行发展的是"市声",这也是老一辈人比较一致认为的。古来闽南民间做生意的买卖人,走江湖耍艺卖药的,乞丐行乞,和尚、道士做功德办红白诸事等,为招揽生意,引人注意且要顺口、易记、有趣味,让人听了通俗易懂,明了事理,就在平时"炼仙拍嘴鼓"简短的念词上,加以修饰编成顺口溜之类,就有了用音韵变化出各种节奏的声调来吸引顾客为商业目的的吆喝声:如卖荔枝的小贩"荔枝红佫(又)圆,入嘴真清甜,要买紧来试,唔(不)买是无(过)时";卖橘子的吆喝"臭柑食退火,要买紧来买,柑皮通烧火,柑丝通炊粿,唔是卖柑仔势哭爸,为着腹肚仔关系";街头走江湖耍艺卖药的艺人常用的开场白"拳头要会,在咱本地,功夫要好,在咱本岛。小弟则初学,基础淡薄薄,今日关帝面前舞关刀,拿出来逐个参考,有好,各位汰呵咾(不要表扬),有错,请多多指导"等。在台湾地区流行的与闽南地区大同小异,如下例:

甲:来来来,太祖猴拳,功夫到即暂且来歌睏(休息,歌一歌),祖传药膏先来报贵君,拍着、捶着、贡着、撞着,有影好用无乱喷(没有乱说):若有伤着顶八卦(胸部),拍着下丹田(肚子),久年风伤做风落雨会酸、会抽、会痛,请您前来经验,唔免客气。嘴齿(牙齿)痛——

乙:糊下颌(下巴,腮帮子)。

甲:腹肚痛——

乙:糊肚脐。

甲:目周(眼睛)痛——

乙:糊目眉(眉毛)。

甲:脚骨痛——

乙:糊脚趾。

甲:真是阮兜(我家)祖传仔好药材,真厉害。

甲、乙:若要交关(交易)请恁(你们)来。请!

后来在"市声"的基础上发展形成"念四句"的韵语形式，念四句的出现应用到生活方方面面的即兴发挥上，如娶媳妇戏（弄）新娘后客人要回家了就念道："新娘真古意，闹久会生气，大家量早返（早点回去），给㑓（他们）变把戏。"

流浪街头的乞丐们，为求得更多的赏赐，用赞美的词句讨好施主，"阿娘阿官淡薄分，互恁（让你们）全出好囝孙"，"阿娘阿官一镭来（一块钱或一铜板之意），互恁兴旺大发财"等，都会在生活的方方面面出现。

早期唐山过台湾的闽南人，还有郑成功率兵入台，将士中多为闽南人。他们在带去闽南文化的同时，也带去了"念四句"口传文学，而后发展成"四句联仔""触嘴鼓"。叫法虽不一样，其押韵要求较答嘴鼓相对自由，但形式和内容都和答嘴鼓一样。

拍嘴古或触嘴鼓，答嘴歌或接嘴鼓，尽管它流传在乡野田间地头，传播在城镇街头巷尾、港湾码头，"触"的年代久远，但作为一种艺术，真正成为现行的答嘴鼓艺术而进入艺术殿堂的时间却不长。在这过程中，答嘴鼓这门艺术凝集了不少民间艺人的心血和不懈的努力，最终走向成熟。它经历了两个改革创新的春天，创造这美好春天的是两代人、两位代表性的人物，是他们的努力为答嘴鼓的延续和成熟做出了决定性的贡献。一位是为答嘴鼓艺术奠定基础的老艺术家宋集仁先生，另一位是对答嘴鼓艺术进行大胆创新、改革，使答嘴鼓艺术最终走向成熟的艺术大师林鹏翔先生。

宋集仁先生，在台湾时的笔名是宋非我，在大陆的笔名是兰波里，祖籍福建同安，生于台北市社子，在担任"中国广播公司电台"闽南话播音员时，由于主持"触嘴鼓"节目出名，成为著名的公众人物。20世纪50年代，他到福建省人民广播电台任编辑，由于在闽南方言文艺的创作与演播上有出色表现，以至于许多人只知兰波里而不知宋集仁。

兰波里最大的艺术成就是，在继承前人艺术经验的基础上，突破了四句联仔的整句字数相等的形式，长短句结合，整散句交错，创造了带有韵语的长篇四句联，方言抒情诗和方言故事、韵故事和触嘴鼓，对答嘴鼓的形成和完善奠定了基础，由此做出了巨大的贡献。不幸的是，他于1979年7月在泉州逝世。

林鹏翔先生，福建省曲艺家协会原主席，1927年3月出生在泉州，1996年1月6日在厦门逝世。由于自幼受泉州一带传统的地方戏曲、曲艺的影响而受益匪浅，他在20世纪40年代到厦门后就开始了研究与创作，1958年认识兰波里后，在其影响下，对答嘴鼓艺术的研究和创作有了新的跨越，在答嘴鼓走向成熟的过程中起到了促进和推动作用。

多年来，他身体力行，授徒、创作、演出，为此付出了艰辛的劳动，因此，答嘴鼓创作、演出涌现出了一批优秀的作品和人才。

答嘴鼓艺术的传承与发展

答嘴鼓艺术是闽台两岸劳动人民智慧的结晶，它凝聚着两岸民间艺人的心血，历史上两岸的交往传播就很活跃，特别是在20世纪90年代更为频繁。

1990年2月，台湾民俗曲艺家陈建铭教授来厦考察，收集厦门答嘴鼓的资料，认为厦门答嘴鼓相较台湾的拍嘴鼓、触嘴古，不管形式上还是内容上，都更胜一筹，它的创作形成了自己的风格……陈教授回台湾后，致力于推行答嘴鼓这项新兴的曲种，来年6月在台湾宜兰举行了台湾首届答嘴鼓比赛。

1992年9月7日至12日，台湾歌仔戏理事长张炫文教授和他的同人到厦门、漳州地区访问，并与当地歌仔戏及曲艺界进行交流座谈，代表台湾歌仔学会将一面"闽南之光"的锦旗赠送给林鹏翔大师。

1992年，由总经理杨瑞兴先生、制作人游玉萍小姐率领的台湾电视台"五灯奖"制作中心一行8人，于8月底到9月初来厦门拍摄《闽南民艺电视文字》节目，他们被喜剧性很强的答嘴鼓吸引，特意拍摄林鹏翔大师的作品《唐山过台湾》《庆新春》《中秋月圆》等，为此，林鹏翔大师特意为"五灯奖"制作中心创作了一篇《话说五灯奖》的答嘴鼓作品。接着台湾"中视"《江山万里掠奇》拍摄组也来厦门拍摄了答嘴鼓《庆新春》。

台湾吴真人进香团来厦门时，听取了林鹏翔大师创作的答嘴鼓作品

《吴真人》的表演后，感到非常难得，回台后不久派专人来厦索求《吴真人》录音带，带回台湾后，"台湾保生大帝庙宇联谊会"复制后分送所属各庙寺珍藏。种种迹象说明海峡两岸对答嘴鼓艺术发展的关心，都积极地做出各种努力。

自郑成功入台带去念四句以后，经两岸民间几代老艺人的互动切磋，更新发展，20世纪50年代，宋集仁先生从台湾带回具有台湾特色的四句联式的韵故事，抒情故事诗、拍嘴古等在闽南地区的传播交流，启发和推动了闽南答嘴鼓艺术的形成和发展。林鹏翔大师根据答嘴鼓艺术发展的特点，在此基础上进行加工锤炼，改革创新，创造出现行创作、表演模式的答嘴鼓艺术。20世纪90年代，答嘴鼓又由台湾民俗专家陈建铭教授带回台湾加以推广，对推动和提升两岸答嘴鼓艺术水平起到了促进作用。

虽是如此，自老艺术家宋集仁、林鹏翔逝世之后，两岸在答嘴鼓艺术方面的交流不尽如人意。随着两岸文化交流不断升温，答嘴鼓艺术的传承和发展有待提升，所以应充分利用两岸人民语言相同的优势，在独特的史缘久、地缘近、血缘亲、语缘通、文缘深、俗缘同、商缘广、神缘正的关系上，有计划地开展答嘴鼓艺术交流活动，在加强合作的同时，取长补短，发挥各自优势和特点，共同探讨和研究，为使答嘴鼓艺术这朵耀眼夺目的奇葩越开越盛而努力奋斗。

2010年5月22日至26日，应金门县"2010年金门两岸节庆文化与观光学术研讨会"主办方金门县政府、金门县教育局、金门大学的邀请，携此篇文章赴金参加学术研讨会的学术论坛活动，同时，也带去了国家级非物质文化遗产项目答嘴鼓为艺术节增色。

答嘴鼓作为一种曲艺形式，这是首次赴金门并以学术研讨的形式进行交流，得到专家、学者、乡亲们的热烈欢迎。金门县长李沃士亲手为答嘴鼓题"答嘴鼓真正赞"，老县长李炷烽连称："没看过这么精彩的演出！"《金门日报》以"厦门答嘴鼓——文化艺术节星光闪耀超精彩"为题进行大篇幅报道。此次交流更加深了两岸亲人的亲情和友情，进一步扩展了两岸人民一衣带水的深情。

第三辑　社会评价

生命不息　传承不止

——访答嘴鼓省级非物质文化遗产代表性传承人林恒星

黄念旭

今年6月13日是中国第10个文化遗产日，厦门市非物质文化遗产保护成果展在厦门市美术馆主展厅隆重举办，国家级"非遗"项目答嘴鼓展位格外令人瞩目。展台前演员绘声绘色的表演吸引不少观众驻足欣赏，前来参观的省、市领导也感兴趣地停下脚步，边看表演边和答嘴鼓项目传承人交谈。答嘴鼓省级传承人林恒星热情地向领导们介绍该项目多年来的保护传承情况，展台前一片热烈融洽的气氛。

国家级非物质文化遗产代表性项目答嘴鼓省级传承人林恒星于20世纪70年代结识答嘴鼓大师林鹏翔后，就开始了答嘴鼓的学习、研究、创作，至今已有40多年。那时候，林恒星与林鹏翔同在厦门市第二搬运公司搞文化宣传工作，同一个办公室里，整天看着林鹏翔不停地写、不停地说，他深受感染。当年的第二搬运公司有近2000名员工，全是闽南人，那里汇集着丰富的地方民间语言，还有许多有趣的社会生活内容。为调动职工的劳动积极性，调节职工业余文化生活，公司决定成立职工文艺宣传队，林鹏翔和林恒星都是文艺宣传队的负责人，他们既是管理者又是师徒关系。在答嘴鼓表演上，林鹏翔看中了一高一矮、一瘦一胖的杨敏谋和尤国栋，但作品创作还需接班人，于是，他选中了林恒星，教授他学习创作答嘴鼓，林恒星有幸成为林鹏翔创作授徒的首位弟子，从此走上了答嘴鼓创作之路。

在林老师的亲自指导下，林恒星进步很快。1974年，他创作的第一篇反映交通安全宣传的答嘴鼓作品《我明白啦》一炮打响，由杨敏谋、尤国栋两人在交通安全宣传中连演100多场，深受观众的喜爱和欢迎。演出的成功给林恒星的创作带来信心。1979年，中央人民广播电台来闽南进行寻根认祖的"唐山过台湾"采访活动，他们特来厦门邀请林鹏翔和林恒星担任临时记者，专门采访答嘴鼓的创作素材。在长达两个月的活动中，林恒星认识了著名的台湾闽南方言学者兰波里、歌仔戏一代宗师邵江海等老前辈，他们的指导和教诲让林恒星受益匪浅。自此，林鹏翔和林恒星创作的作品不断问世，发表在各种报刊上。中央电台、福建电台、海峡之声、厦门电台都录播过他们的节目，现在厦门表演的答嘴鼓节目大部分是他们的作品。

受到恩师林鹏翔的影响和传帮带，林恒星对答嘴鼓从喜好到逐渐投入，他说："林老师对答嘴鼓艺术的认真专注、执着负责、无私奉献的精神，永远鼓舞着我。"最使他不能忘怀的是19年前林鹏翔临终前的嘱咐："有时间多动笔，多写一点，千万不能放弃，答嘴鼓一定要发展下去！"十几年来，他一直把林老师的话铭记在心。如今林恒星已经退休，他便把精力全放在答嘴鼓事业上，把传承答嘴鼓当成他退休后新的工作。林恒星深有感慨地说："我们要有强烈的使命感，不管个人力量如何微小，创作水平如何有限，要倾其所有扩大答嘴鼓的影响力，在非物质文化遗产的传承和发展道路上多发一份光和热，起一名火炬手的作用。"林恒星是这么说的，更是这么做的，从被认定为市级非物质文化遗产代表性传承人起，他每年都有计划地踏实工作，将想法付诸现实。

在此，我们不妨看看近三年来林恒星在答嘴鼓传承工作上所做的事吧：

2012年，为使更多人认识、了解答嘴鼓，让演员在演出中得到锻炼，提高技艺，他参与、组织了不少演出活动。5月，他举办闽南文化进校园答嘴鼓演出，受到市工商旅游学校4000多名学生的热烈欢迎；9月，到厦门南洋学院与大学生联欢互动，让学生感受闽南文化的魅力；11月，到集美区灌口镇幼儿园演出，开展"非遗"进学校活动；12月中旬，受金门教育局邀请，参加金门年度民俗才艺观摩展演交流，金门县副县长观看后给予高度好评，而后又到金门金宁国民小学进行答嘴鼓展示，取得良好效果。同时，他坚持每周二、四、六在厦门实验小学进行答嘴鼓及闽南文化的培训，还到厦门大学艺术学院就答嘴鼓艺术进行学术研讨。这年，由他撰写的《答嘴鼓艺术大师林鹏翔》一书出版；他的新作有反腐倡廉的《三措施》，介绍厦门旅游风光的《海峡明珠》《厦门好》，宣传古城东路闽台特色食品街的《古街新辉》，为厦门市第六届和谐邻里节道德模范故事创作的《爱拼才会赢》，答嘴鼓系列篇《成语新传》等；他的作品在厦门市第五届群众文化艺术节获铜奖，参加福建省第四届曲艺节获银奖。他培养的新秀詹博敏表演的《厦门好》参加福建省大中院校导游才艺大赛获金奖，在全国文明风采大赛中获二等奖……

2013年，每周二、四、六，林恒星继续为厦门实验小学答嘴鼓兴趣班授课，答嘴鼓作品《当兵记》获厦门市首届学校闽南文化艺术展演三等奖。4月，他再次应邀到金门交流演出，其作品和专为金门旅游创作的《有好相报》作为金门答嘴鼓研习班授课教材；5月，作品《我明白啦》由郑见、肖毅蓉表演，参加翔安区庆"五一"及交通安全生产宣传演出；6月，《我是厦门人》参加市第七届和谐邻里节全市巡回演出；9月，为湖里区全市反腐倡廉现场会议创作《无药医》，在金山社区"金廉之夜"演出，同月，在厦门市第六届答嘴鼓比赛中，他创作的作品约占参赛节目的三分之一，其中《唱念白》《小生意大买卖》《谁骗谁》分获表演一、二、三等奖；10月，参加市委宣传部、市社科联举办的社科普及周活动；11月，在由中国文联、中国曲协等单位举办的海峡两岸曲艺比赛节目展演中，他创作的答嘴鼓《唱念白》获二等奖；12月，为翔安区老人节、市委宣传部等单位创作《老来乐》《美丽乡村赞》等。

2014年，林恒星又一次应金门县和金门老人权益促进会邀请，组织厦门答嘴鼓演员尤国栋、郑见、肖毅蓉、刘根源、林志平、詹博敏等赴金门参加迎城隍活动文化交流，在金门的浯江书院、外武庙展示答嘴鼓艺术，受到热烈欢迎；6—7月，由他创作的《童谣乐》参加在漳平举办的第六届全国少儿曲艺大赛福建赛区选拔总决赛，获少儿组二等奖；11月，他创作的答嘴鼓作品《市声》《唱念白》被选为国台办对台文化交流重点项目，在台北、台南、嘉义等地演出；还在《厦门文艺》等刊物上发表了《中秋聚会》《乐逍遥》《厦门城隍爷》《四句念》《烧酒的故事》《当兵记·代理事务长》《当兵记·复员娶亲》等作品，筹备编撰《林恒星答嘴鼓作品选》等。

  从上述三年的不完全记录，我们可以看到，作为一名非物质文化遗产代表性传承人，林恒星始终牢记师父的教诲，牢记自己的使命，孜孜不倦，一如既往，在保护和传承非物质文化遗产的征途上勇往直前。就在前几天，他把刚刚出版的《林恒星答嘴鼓作品选》送给我，我认真、仔细地拜读了里面收集的五十多篇作品，崇拜和仰慕之心情油然而生，这是一位传承人几十年来的心血、汗水、思考和感悟，也是作为传承人对自己所从事的工作的最好回报和奉献！

  林恒星老师传承答嘴鼓的黄金时期刚刚开始，在他的影响和带领下，厦门市一批有志于答嘴鼓艺术的年轻人经常聚集在一起，讨论商榷答嘴鼓艺术。经有关部门推动，闽南文化进校园进社区活动正在全面展开，传承发展闽南文化答嘴鼓大有可为。答嘴鼓这朵非物质文化遗产奇葩，将以它独具的特色，在文艺百花园里散发出更加迷人的芬芳。

原载于2015年第3期《厦门文艺》

用闽南曲艺传唱模范故事
——"道德模范故事汇"：
节目都是原创的，故事都是真实的

戴 懿

"的士司机四界走，文明建设是窗口；和谐温馨来创建，厦门形象名声透。"一个捧一个逗，答嘴鼓《我是厦门人》把"中国好人榜"助人为乐的好司机谢清洲的故事表现得淋漓尽致。

今年的和谐邻里节一个重头戏就是"道德模范故事汇"基层巡演，厦门本土文艺创作者，把厦门道德模范的真人真事用闽南传统曲艺形式进行精心编排，再通过演员们绘声绘色的表演把文明和谐、诚信之风播洒到各个社区，所有作品都是原创的，答嘴鼓《我是厦门人》就是其中之一。昨天，记者采访了节目创作者林恒星。

林恒星说，好司机谢清洲在厦门开了10年的出租车。2005年，他通过广播发出了"高考爱心车"的倡议，如今，除了出租车队伍，厦门数百辆私家车队伍也加入了"高考爱心车"行列。捡到电脑、钱包，他都交给公司，有一天下半夜，他看到有个人躺在马路上流血，四周灯光昏暗，十分危险，他立刻停车，抱起伤者，此时，一辆大货车从身后呼啸而过，幸亏他躲闪及时，不然后果不堪设想。除了平常做好事外，遇到汶川地震、南平水灾等灾害，或者有人得了白血病、贫困生没钱读书之类的事情，他都要献出自己的一份爱心。

林恒星说，其实要"入味"地表扬一个人最难。因此，他创作的这个答嘴鼓节目，运用对比的写法，以另一人来衬托模范人物，正反对比更容易让人接受。这几年来，"道德模范故事汇"中的答嘴鼓节目都是他创作的。林恒星说，这几年看了这么多素材，自己也深受感染。

节选于2013年6月22日《厦门日报》

答嘴鼓走进校园收徒弟
——市实验小学开办兴趣小组，学生用闽南话说绕口令

李玉桐

"狗仔甲猴仔过沟仔（闽南话，即狗与猴子过水沟）。"昨日下午，市实验小学30多名小学生一边读一边笑，闽南话的绕口令弄得他们有些晕。这是本学期该校答嘴鼓课外兴趣小组的第三节课。

讲授答嘴鼓课程的老师林恒星，是非物质文化遗产项目答嘴鼓传承人、市通俗文艺研究会常务副秘书长。他告诉记者："这已算好的，如果要选苗子，应能挑出几对来。"

昨日的课程名为"练嘴舌"，非常有意思。孩子们用闽南话说绕口令，比如"狗仔甲猴仔过沟仔"，由于"狗、猴、沟"这三字闽南话有些同音，因此读起来很绕口。

林恒星说，答嘴鼓是用闽南方言来表演的，因此，要学习首先得懂闽南话。"发音准、咬字清晰、速度快，嘴舌灵活，表达伶俐，这也是学习答嘴鼓的要求之一。"

尽管给这群十来岁的小学生才上了3节课，但林恒星已发现了一些对闽南话较有语言天赋的孩子。"会讲闽南话、讲得流利、有表演的欲望，这是苗子一大标准。"

不过，林恒星老师说，现在在学校开办答嘴鼓课程，并不是为了选苗子，而是想在年轻一代中普及这门濒临失传的闽南传统文艺。

台上妙语连珠　台下一头雾水
——答嘴鼓传承人忧心艺术失传

"在有的学校，有时还找不出几个闽南话说得流利的学生。"之前在一些学校推广答嘴鼓时碰到的情况，让林恒星感触很深。他说，如果不会

说闽南话，答嘴鼓这门艺术也就真的没了基础。

　　林恒星给记者回忆说，20世纪七八十年代，答嘴鼓爱好者在厦门一些场所表演，台上两人妙语连珠，台下观众笑开了花。可是，现在他们到公共场所演出，台下场面可够尴尬的，听得懂的人笑得捂肚皮流泪花，但也有不少人"鸭子听雷"（闽南话，形容一头雾水），根本无法理解风趣在哪儿。而去年5月，他们去金门，短短几天，连演了7场，场场爆满。林恒星说，金门县长送给他的评价是"答嘴鼓真正赞"！

　　林恒星说，观众反应截然不同，这其实是社会发展和人口迁移引起人口结构的变化带来的。随着厦门的开放，涌入厦门的外地人口越来越多，讲闽南话的人变得越来越少，这也是造成方言消退的一个重要原因。

　　对于当前我市试点闽南话进中小学课堂，林恒星绝对支持："闽南话的推广很有必要！如不重视，别说是答嘴鼓这门艺术，就是闽南话这种方言都有流失的可能。"

原载于2011年3月6日《厦门商报》

林恒星　曲艺家

答嘴鼓创作家想收徒

李晓辉

　　62岁的林恒星从事答嘴鼓作品创作30多年，作品多次获奖、发表和录播。去年12月，他创作的《市声》，在市答嘴鼓征文比赛中获得了一等奖。前两天他向记者透露，打算收徒弟。不过，他说，创作答嘴鼓作品要耐得住寂寞，想学的人要做好这个准备。

　　林恒星是答嘴鼓艺术家林鹏翔的开门弟子之一，与其他弟子不同的是，他是第一个学习创作答嘴鼓作品的。林恒星说，1975年，他创作了第一篇作品《我明白啦》，经林鹏翔指导、修改后，被作为交通安全宣传作品下乡宣传，由同门师兄弟杨敏谋和尤国栋表演，一年间演出100多场。"台下的笑声好像阵风吹过，一阵又一阵。"不仅如此，1989年，《我明白啦》被录制成交通安全教材，机动车驾驶员人手一盒带子。

　　"如今，喜欢答嘴鼓表演的人很多，在厦门真正搞答嘴鼓创作的人只有十来个，能坚持写作的更是寥寥无几。"林恒星说，作为非物质文化遗产的答嘴鼓，在创作上面临后继乏人的濒危处境。

　　林恒星有个念小学的孙子，在他的影响下，不仅喜欢上了相声，对答嘴鼓也很感兴趣。见孙子对答嘴鼓很感兴趣，他很欣慰："现在我从教他说闽南话开始学答嘴鼓了。"

　　林恒星谦虚地说，在答嘴鼓创作上，他还没有达到"家"的境界，顶多算是创作员吧。和许多答嘴鼓艺术家一样，林恒星很关心答嘴鼓的传承，他透露了收徒弟的想法："创作需要人生阅历和语言基础，不同于台上的演员风光无限，创作答嘴鼓得耐得住寂寞。"

　　他对想学习答嘴鼓创作的人提出几点要求：一是要有兴趣和爱好，二是要有一定的社会阅历和民间语言的积累，三是要有对艺术的领悟和接受能力，四是要有耐心和决心，五是要能牺牲个人休息时间。

原载于2009年6月8日《厦门晚报》

答嘴鼓省级传承人收徒啦

——徒弟是名六年级女生，她要学习答嘴鼓作品创作

柯 笛

几天前刚收下第一个正式弟子，林恒星笑得合不拢嘴。"好孩子要从小培养，答嘴鼓再添新力量！"这名国家级非物质文化遗产保护项目答嘴鼓省级传承人，最近正忙得团团转，在今年6月举办的第三届福建省曲艺"丹桂奖"大赛答嘴鼓专场比赛中，入围决赛的10个节目里，就有4个作品由林恒星创作，最近不断有人慕名前来求稿。林恒星说，创作不易，创新更难，但传承答嘴鼓这条路，他将一直坚定地走下去。

创作：走街串巷寻找创作灵感 作品频频获奖

一头浓密黑发，双眼炯炯有神，谈起答嘴鼓时，林恒星仿佛有用不尽的热情和说不完的话。他是土生土长的厦门人，现为国家级非物质文化遗产保护项目答嘴鼓省级传承人、中国曲艺家协会会员、厦门市鹏翔答嘴鼓讲古艺术传习中心负责人。他和答嘴鼓的缘分，始于他的同事兼老师林鹏翔——厦门答嘴鼓曲艺文化的奠基人之一。

1975年，林恒星为当时的市交通安全宣传队创作了他的第一篇答嘴鼓作品《我明白啦》，讲述了一则关于驾驶员和交通规则的故事，不但刊登在《厦门文艺》上，后来还被录制成磁带发放给全市驾驶员学习。

至今，林恒星已创作百余篇完整作品。然而，44年后的今天，"创作越来越难了"，林恒星感叹，作为一种以闽南话为载体的喜剧性说唱艺术，答嘴鼓的观众群体似乎在逐渐缩水。为了能让答嘴鼓曲艺跟上时代步伐，林恒星努力在内容和形式上增添新亮点。一篇创新作品讲，一个北方人来到南方卖药，可因为语言不通无法与当地人沟通，只能找个懂闽南话的人翻译，北方人说："吃了我这药，保证你身体健康。"翻译却没听清

他的北方口音，误译成闽南话"保证你身体空空"，差一音错两字，意思也千差万别。"表演时，'北方人'说普通话，'翻译'说闽南话。"林恒星说，这样一来，也能让更多不懂闽南话的人乐在其中。

为了寻找新的灵感，林恒星走进街头巷尾。一次，他路过菜市场，正巧碰见顾客和菜贩讨价还价，言谈间你来我往，情绪激动，他灵光一现，立刻拿手机记录下这一幕。"艺术源于生活，想要作品生动，内容也要贴近生活，有血有肉。"林恒星说。

传承：进学校、社区开展教学　整理创作答嘴鼓书籍

几天前，林恒星刚收下第一个正式弟子。"刚上六年级的小女孩，学习答嘴鼓很认真，有天赋。"林恒星有些感慨，好作品的诞生来之不易，专业从事答嘴鼓作品创作的人就更少了，"全厦门可能也不过五六人而已"，如今收下徒弟，厦门答嘴鼓再添新力量，林恒星深觉欣慰。

他真正从业余走向全心投入，大约是从10年前退休开始。10年来，他一边为答嘴鼓表演构思更多作品，一边走入学校、社区，为答嘴鼓文化传承进行教学和普及。

当记者问及，为什么孜孜不倦、全心全意地传承答嘴鼓曲艺时，林恒星从家中翻出一本1929年出版的《泉中童谣集》。书页已经发脆泛黄，但保存得十分完好，林恒星告诉记者，这是20世纪70年代拜师时，他的老师林鹏翔赠予他的绝版书籍。恩师对答嘴鼓艺术的认真、钻研、执着、奉献，感染了林恒星。1996年1月，林鹏翔在临终前嘱咐林恒星，一定要将答嘴鼓曲艺传承下去，林恒星承诺，"永不放弃"！

从业余爱好者转变成"非遗"省级传承人，林恒星肩上的担子越来越重。近年来，林恒星整理创作了《答嘴鼓艺术大师林鹏翔》《林恒星答嘴鼓作品选》《答嘴鼓创作表演艺术》等书籍，明年还计划开办答嘴鼓创作培训班。他在书里写道，要当好一名火炬手，扩大答嘴鼓的影响力，将非物质文化遗产的光和热传递下去。

原载于2019年10月25日《厦门日报》

厦门答嘴鼓，金门县长都说赞

陈成沛

三月"疯"妈祖，四月"疯"城隍，5月25日，近年来最盛大最热闹的迎城隍活动在金门落幕。作为目前金门地区最大型的庙会活动，今年的迎城隍加入了金门国际文化艺术节的卖点，台湾26尊城隍跨海助阵。不仅如此，来自厦门翔安的高甲戏团还应邀前往演出，受到金门戏迷热捧，而厦门市通俗文艺研究会带过去的答嘴鼓表演更令民众拍手叫绝，获得了金门县长李沃士"答嘴鼓真正赞"的题字。

值得一提的是，答嘴鼓作为国家级非物质文化遗产保护项目，这还是首次以文化研讨的形式到金门参加文化交流活动。26日，厦门市通俗文艺研究会一行结束5天交流行程返厦，就此接受了记者的采访。

一、金厦民俗人士交流心得

据厦门市通俗文艺研究会会长胡福宝介绍，研究会此行是应"2010年金门迎城隍——海峡两岸节庆文化与观光学术研讨会"主办方邀请，赴金门参加学术交流活动的。

金门迎城隍活动已有330年历史，金门古称浯岛，"浯岛邑主城隍"原在明初建成的金门城"坐镇显灵"，于清康熙十九年（1680）随总兵陈龙"分火"移驻后浦（今金城镇），从此后浦民众每逢迁治日的农历四月十二（今年是新历5月25日），都举办城隍绕境巡安庆典，成为金门规模最盛大的庙会。为配合迎城隍庙会，今年主办方还特别举办研讨会，200多名两岸学者专家齐聚一堂，探讨宗教文化与节庆课题。

两岸艺文推广现状与未来方向、两岸传统民俗文化技艺推广（社会、学校）之探讨、两地推展传统民俗节目（如打花草、拍胸舞、公婆抱、三藏取经、车鼓弄、骑驴探亲、榉妻架、黑白蛇、公背婆、马上吹等）之可行性暨方式探讨……厦门市通俗文艺研究会和金门教育局、金门采风文化发展协会、金门写作协会、金门宗族文化研究会等，就厦金两地艺文交流活动展开探讨，交换研究心得。

二、两岸学者共话答嘴鼓传承

研讨会上，厦门市通俗文艺研究会常务副秘书长、厦门答嘴鼓大师林鹏翔的弟子林恒星带去《略谈答嘴鼓艺术在两岸交往中的传承与发展》的演讲，得到了广泛共鸣。

"答嘴鼓有很多种称法，台湾人民称触嘴鼓，漳州地区又称接嘴鼓，最终归纳定名为现在的名字还是台湾老艺术家宋集仁（兰波里）的建议，于1971年正式定名。"林恒星告诉记者，答嘴鼓这种喜剧性的说唱艺术，在海峡两岸及讲闽南方言的区域广为流行。

因无史料记载，所以答嘴鼓艺术究竟源于何时也无法确认。林恒星指出，可以肯定的是，在闽南语形成发展的过程中，就已有答嘴鼓的出现，至于台湾的答嘴鼓艺术，也是源于闽南一带。

"早期唐山过台湾的闽南人，还有郑成功率兵入台，将士多为闽南人，他们在带去闽南文化的同时也带去了'念四句'口传文学，而后发展成'四句联仔''触嘴鼓'。"林恒星介绍，具体说来，台湾触嘴鼓的押韵要求较答嘴鼓自由，比较随意，对韵脚的要求没那么高，但是形式和内容都和答嘴鼓一样。

林恒星的演讲引来台湾民俗学者的强烈兴趣，台湾科技大学一位女教授提问："车鼓弄里的夫妻对话及《桃花搭渡》中的艄公和桃花的对话是不是属于答嘴鼓的范畴？"面对该问题，林恒星回答："这些都是答嘴鼓。其实，答嘴鼓是从讲古、顺口溜里综合加工的，包括甩'包袱'也跟北方相声很像。"

如此互动，频繁而热烈。

三、逗趣答嘴鼓逗笑金门民众

此次随团前往的还有厦门答嘴鼓表演大师尤国栋与两位弟子李志

勇、郑见。在林恒星演讲过程中，两位新秀即兴表演了一段《市声》，绘声绘色。

而在会前的金门国际文化艺术节上，三人还应金门县长李沃士的邀请，参加了金门民众的庆典演出，甚至还走场，一个晚上在两个不同的场地演出。当晚，尤国栋分别与李志勇、郑见演出《唐山过台湾》《中秋月圆》，生动逗趣的表演逗笑了金门观众。

此外，据厦门市通俗文艺研究会副会长王宏山介绍，金门县前县长李炷烽与厦门有着很好的交情，听说厦门的客人来了，亲自到代表团下榻的酒店看望，尤国栋现场发挥，把厦门、金门的友情和交情、艺缘和文缘用答嘴鼓的形式现场表演出来，李炷烽连称："没看过这么精彩的演出！"

临行前的答谢晚会上，李志勇、郑见又即兴为来自厦门、台湾的客人们现场表演了一段答嘴鼓节目，照样博得满堂彩。李沃士更是高兴地与李志勇拥抱，在他的衣服上签名，并写下了"答嘴鼓真正赞"的题词。

原载于2010年5月31日《厦门商报》

第四辑　附录

大事年表

1947年	出生于厦门。
1954—1966年（7—19岁）	先后在厦门实验小学、厦门市四中读书。
1969—1972年（22—25岁）	下乡插队到上杭县才溪乡岭和大队溪水生产队。其间，在上杭县交通局桥工队当民工，任大队碾米厂负责人。
1972—1973年（25—26岁）	在厦门建工局铸石厂车间做宣传工作。其间，习作诗歌等多篇作品在《建工简报》上刊登。
1973年（26岁）	在厦门市第二搬运公司（现厦门市交通运输公司）政宣部门负责公司文化工作，师从答嘴鼓艺术大师林鹏翔学习地方传统曲艺。公司委任其为"职工业余文艺宣传队"队长，进行自编、自导、自演活动。从1973年起至1985年，他年年被评为公司先进工作者。
1974年（27岁）	创作首篇答嘴鼓《我明白啦》。
1975年（28岁）	参加由厦门大学中文系编辑的《普通话闽南方言词典》词汇调查采集工作。
1976—1978年（29—31岁）	带领文宣队配合厦门市安全委员会、厦门交通局车辆监理所、厦门市公安局民警中队（现交警支队前身）联合组织的厦门市交通安全宣传队，每次历时半年。创作宣传交通安全的答嘴鼓《我明白啦》，宣演200多场。

林恒星 曲艺家

1977年（30岁）	配合八一电影制片厂《在阿祖的故土》的拍摄。答嘴鼓《我明白啦》刊登在《厦门文艺》上。
1978年（31岁）	在公司书记的率领下带文宣队赴泉州进行文化交流。创作答嘴鼓《特殊会议》参加厦门市总工会文艺调演获二等奖，并刊登在《职工文艺创作》上。
1979年（32岁）	3月，应中央人民广播电台（现重组为中央广播电视总台）邀请，与林鹏翔作为临时记者参与在闽南地区开展的近两个月的"唐山过台湾"的采访工作。其间，认识了答嘴鼓艺术奠基者宋集仁（兰波里）、芗剧一代宗师邵江海。创作的答嘴鼓《咱厝人》被中央电视台作为文艺资料存档。6月，创作芗曲说唱《当归》，获省曲艺征文优秀作品一等奖。配合西安电影制片厂影片《亲缘》的拍摄。厦门市台胞演出队参加全国调演，创作6个节目参演，其中3个节目获奖。答嘴鼓《我明白啦》刊登在《建国三十年来厦门曲艺选1949—1979》上。
1980年（33岁）	创作答嘴鼓《探亲》、芗曲说唱《难忘的四小时》参加1980年厦门市总工会、团市委举办的市职工曲艺调演，获一、二等奖，由中央电视台、福建前线及厦门台录播。被厦门市总工会授予"厦门市工会优秀积极分子"称号（获奖章一枚）。
1981年（34岁）	由于在对台宣传工作中表现积极，受到中共厦门市委对台办颁发奖状表彰。被评为厦门市交通局1981年治安保卫工作积极分子。

1982年（35岁）	2月，调任车队工会主席及分管安全工作。4月，厦门市曲艺家协会成立，当选第一届理事会理事（连任多届理事、常务理事）。被评为厦门市交通局工会工作积极分子。
1983年（36岁）	创作答嘴鼓《谚语新编》刊登在《群众文艺》第13期上。
1984年（37岁）	创作诗歌《南湖之晨》等在厦门市工人文化宫《职工文艺创作》上发表。被评为厦门市交通局1984年度先进工作者。
1985年（38岁）	任厦门市华兴贸易公司经理。
1986年（39岁）	创作芗曲说唱《鹭岛儿女》，由前线电台录播。
1987—1988年（40—41岁）	答嘴鼓《探亲》收录在由中国唱片公司出版发行、厦门鹭声音像联合公司总经销的《林鹏翔答嘴鼓选集（二）》录音带中。
1989年（42岁）	任厦门市悦丰化工厂厂长。创作的答嘴鼓《我明白啦》被厦门市交警支队、厦门音像出版社录制成《为了您和他人的幸福》磁带并出版，供全市机动车驾驶员一人一盒学习之用。
1990年（43岁）	应邀参加中央人民广播电台在厦门京华大酒店举行的第二届《海峡情》征文颁奖大会。
1991年（44岁）	3月，应邀参加中央人民广播电台举行的第三届《海峡情》征文颁奖大会。9月，应邀与林鹏翔大师参加中央人民广播电台第三届《海峡情》征文颁奖大会。

1992年（45岁）	3月，应邀参加由中央人民广播电台在北京民族饭店举办的第四届《海峡情》征文颁奖大会，并参加前期在厦门鹭江宾馆召开的厦门笔会。
1993年（46岁）	3月，应邀参加由中央人民广播电台在北京长城饭店举行的第五届《海峡情》有奖征文评选揭晓颁奖大会。散文《在阿祖的故土》获三等奖。
1994年（47岁）	3月，应邀参加中央人民广播电台在北京台湾饭店举行的第六届《海峡情》征文评选揭晓暨颁奖大会。创作答嘴鼓《刮民党》《考验》等被中央电视台作为文艺资料入档。
1995年（48岁）	为中央人民广播电台创作答嘴鼓《两代人》等，并作为文艺资料入档。
1996年（49岁）	为鹭江街道创作三句半《三人三》、芗曲说唱《特区新面貌》等。
1997年（50岁）	5月，应邀参加中央人民广播电台在北京人民大会堂浙江厅举办的第九届《海峡情》征文、首届《四海华文笔汇》评选揭晓暨颁奖大会。6月，名字被收录在中国国际出版社出版的《中国曲艺界人名大辞典》中。
1998年（51岁）	为发生的特大洪灾创作锣鼓词《温暖的迷彩缘》等供演出。
1999年（52岁）	为庆祝中华人民共和国成立50周年，应中央电视台之邀创作方言对口词《光辉的五十年》、答嘴鼓《心愿》，作为

	文艺资料存档。
2000年（53岁）	为中央人民广播电台提供有关闽南地区民间的习俗资料及民间故事50多篇。
2001—2002年（54—55岁）	应邀创作歌仔说唱《对毒品说"不"》、方言说书《珍爱生命》、答嘴鼓《为保平安》等供演出。
2003年（56岁）	任厦门市永弘工贸有限公司经理。为开元、思明、鼓浪屿合一区创作芗曲说唱《三区合一就是好》供演出。
2004年（57岁）	名字被收录在由福建省文联主编、作家出版社出版的《福建省文艺家辞典》中。8月，参加海峡两岸共同举办的海峡两岸歌仔戏艺术节和海峡两岸文艺展演暨民间艺术节活动。
2005年（58岁）	应海峡之声广播电台邀请，为《反分裂国家法》创作答嘴鼓《搞分裂无出路》等。
2006年（59岁）	9月，创作答嘴鼓《爱嘴齿爱家己》参加"厦门爱牙日"宣传活动。创作歌仔说唱《八荣八耻》，配合区、街宣传用。
2007年（60岁）	6月，参加在厦门市文化馆召开的我国第二个"文化遗产日"的"答嘴鼓、讲古演出与交流"研讨。参与厦门市文化馆、非遗中心举办的答嘴鼓培训班活动，为40多名学员进行辅导培训。创作答嘴鼓《新头衔》，刊登在《厦门文艺》上。
2008年（61岁）	1月，参加由文化部副部长周和平及省市领导参加的厦门市非遗中心在市文化艺术中心举行的揭牌仪式。2月，退

休。为弘扬答嘴鼓艺术，创办厦门龙的传人文化艺术有限公司。12月，创作答嘴鼓《市声》，在2008年厦门市答嘴鼓作品征文比赛暨调演上荣获一等奖，由中央人民广播电台录播。

2009年（62岁）　　2月，参加在北京召开的中国通俗文艺研究会全国第六次理事会。7月，参加在厦门第十一中举办的厦门市首届"2009年厦门市中学生答嘴鼓夏令营"活动并任辅导员，创作答嘴鼓《答嘴鼓 真好》等作为培训教材。答嘴鼓作品《话讲答嘴鼓》《市声》刊登在《厦门文艺》上。

2010年（63岁）　　1月，参加在重庆举办的中国通俗文艺研究会六届二次理事扩大会暨中国通俗文学艺术终身成就奖颁奖大会。3月，参与电影《放心去飞》拍摄。4月，参与台湾"中天电视台"的旅游节目《台湾脚逛大陆》在厦门的拍摄。5月，应2010金门迎城隍——海峡两岸节庆文化与观光学术研讨会主办方邀请，答嘴鼓专业人员首次组团跨越海峡，在金门大学国际会议厅与两岸350多名学者以《略谈答嘴鼓艺术在两岸交往中的传承与发展》一文进行交流，并以答嘴鼓《市声》做示范表演，展示魅力。金门县原县长李沃士为此题字"答嘴鼓真正赞"，论文发表在金门大学出版的《2010金门迎城隍》刊物上（从2010年至2018年均应邀到金门文化交流）。6月，主持由厦门市非遗中心与厦门市工商旅游学校联合举办的首期答嘴鼓培训班，并为辅导老师。9月，被厦门市人民政府命名为厦门市市级非物质文化遗产保护项目答嘴鼓代表性传承人。

2011年（64岁）　　厦门说书《王永庆传奇的一生》计60回15万字，先由厦门卫视后由厦门闽南之声再由中央人民广播电台对台播放。6月，应邀创作答嘴鼓《普通一兵》，作为厦门市第五届和谐邻里节（2011）暨"道德模范故事汇"基层巡演节目。7月，创作的答嘴鼓《误会》获福建省文联、省文化厅庆祝中国共产党成立90周年曲艺创作征文优秀奖。协助厦门实验小学《非遗大团圆》参加第六届海峡两岸"读册歌"电视大赛，获一等奖。创作的答嘴鼓《误会》刊登在《海峡曲艺》第2期上。10月，名字被收录在中国文联出版的《中国文学艺术家名典》中。被拍摄收录在厦门市委宣传部制作的"厦门市非物质文化遗产系列·答嘴鼓"项目专题片中。参与电视轻喜剧《信义茶行欢迎您》拍摄。9月，被聘为厦门实验小学答嘴鼓培训班辅导老师（本活动连续至2020年11月，因新冠肺炎疫情而止）。创作的答嘴鼓《误会》《厦门好》《体验》刊登在《厦门文艺》上。

2012年（65岁）　　创作答嘴鼓《中秋博饼》，在中秋夜晚由厦门广电集团在鼓浪屿日光岩向全球现场直播，作为文化交流节目多次在金门演出并刊登在《厦门文艺》上。3月，创作的答嘴鼓《市声》随福建省闽台合作交流团抵台中巡演。创作的答嘴鼓《体验》参加第七届海峡两岸"读册歌"广播电视大赛并获三等奖。创作的答嘴鼓《误会》参加厦门市第五届群众艺术节调演，获银奖。4月，所著约28万字的《答嘴鼓艺术大师林鹏翔》一书出版。8月，应邀创作答嘴鼓《爱拼才会赢》，作为厦门市第六届和谐邻里节（2012）暨"道德模范故事汇"基层巡演节目。10月，获批为中国曲艺家协会会员。11月，答嘴鼓《市声》参加福建省第四届曲艺节，获二等奖，作为优秀节目参与省第四届群众艺术节展演。12月，答嘴鼓《市声》刊登于由福建省曲艺家协会主办的《海峡曲艺》第3期。

2013年（66岁）　　3月，创作答嘴鼓《有好相报》《误会》，作为金门县文化局举办首届答嘴鼓研习班的教材；被厦门市社会科学界联合会授予2011—2012年度全市社会科学学会先进工作者荣誉称号。6月，应邀创作答嘴鼓《我是厦门人》，作为厦门市第七届（2013）和谐邻里节暨"道德模范故事汇"巡演节目。创作答嘴鼓《当兵记——救火》作为厦门实验小学参加2013年厦门市首届学校闽南文化艺术展演比赛节目，并获二等奖。9月，创作答嘴鼓《唱念白》《谁骗谁》《小生意大买卖》《海峡明珠》参加厦门市第六届答嘴鼓调演，获一、二、三等奖。答嘴鼓《唱念白》参加2013海峡两岸曲艺欢乐汇福建专场优秀节目展演，获二等奖。

2014年（67岁）　　创作的答嘴鼓《谁骗谁》《唱念白》报文化部全国公共文化发展中心"大年小戏闹春节"展播节目。5月，被福建省人民政府任命为福建省第三批非物质文化遗产保护项目"厦门答嘴鼓"代表性传承人。创作答嘴鼓《童谣乐》，作为表演曲目由厦门实验小学参加在漳平举办的福建省首届"丹桂奖"少儿曲艺大赛暨第六届全国少儿曲艺大赛福建赛区选拔赛，荣获二等奖。6月，被厦门市闽南文化生态保护实验区工作领导小组授予"厦门市闽南文化生态保护实验区建设工作先进个人"。11月，答嘴鼓《市声》《唱念白》参加2014海峡两岸欢乐汇暨海峡两岸曲艺交流研讨会，赴台湾参加交流展演系列活动。12月，创作答嘴鼓《乐逍遥》及《乐逍遥》之二、《中秋博饼》、《唱念白》刊登在《厦门文艺》上。

2015年（68岁）	由市"非遗"中心编写的《生命不息，传承不止——访答嘴鼓省级非物质文化遗产代表性传承人林恒星》一文刊登在2015年《厦门文艺》第3期。1月，出版约35万字的《林恒星答嘴鼓作品选》一书，为厦门第一部个人答嘴鼓作品专集；答嘴鼓《市声》《唱念白》获中共厦门市委、厦门市人民政府颁发的第五届厦门文学艺术奖优秀作品二、三等奖。5月，应邀赴台湾台南市参加民俗艺术节，进行文化交流活动；创作答嘴鼓《显摆》获第十三届厦门市曲艺征文暨调演一等奖，同年11月，参加福建省首届"丹桂奖"曲艺大赛，并获二等奖。8月，与鹭江街道大同社区在老剧场文化公园综合书院设立公益性的闽南曲艺班答嘴鼓课堂。9月，参加在金门召开的2015世界闽南文化节交流活动。10月，当选中国通俗文艺研究会常务理事。11月，答嘴鼓《误会》参加在天津举办的第二届"和平杯"全国曲艺邀请赛并获优秀奖。
2016年（69岁）	创作答嘴鼓《显摆》《幸福沙坡尾赞》刊登于《厦门文艺》。9月，答嘴鼓《新规定》《风雨见彩虹》《钱和香烟》刊登在《厦门日报》上。应邀担任第十届海峡两岸"读册歌"广播电视大赛评委。
2017年（70岁）	6月，应邀担任2017厦门青少年讲古电视大赛评委。应邀担任第十一届海峡两岸"读册歌"广播电视大赛评委。牵头并出资成立厦门市鹏翔答嘴鼓艺术传习中心。创作的答嘴鼓《新规定》《钱与香烟》《多水加豆腐》刊登在由厦门市司法局、厦门日报社合编的《带着法律来敲门》一书中。答嘴鼓《领奖》《一张罚单》刊登在《厦门日报》上，答嘴鼓《多水加豆腐》《新规定》参加第二届福建省"丹桂

奖"曲艺大赛，荣获南曲（业余）组节目奖三等奖。

2018年（71岁）　　创作的由林恩乐、曾佳牧表演的答嘴鼓《狗年讲狗》荣获第三届福建省曲艺"丹桂奖"少儿大赛三等奖。创作《答嘴鼓赞》歌曲并录制成光盘1000片。创作的答嘴鼓《乐逍遥》参加在台湾举办的海峡两岸曲艺欢乐汇，荣获二等奖。6月，出版约35万字的《答嘴鼓创作与表演艺术》一书。7月，被厦门市非物质文化遗产保护中心特聘为闽南文化走透透暑期夏令营答嘴鼓分营营长。论文《略谈答嘴鼓艺术良性发展》刊登在《海峡曲艺》上。12月，应邀担任第十二届海峡两岸"读册歌"广播电视大赛评委。

2019年（72岁）　　创作答嘴鼓《新征程》参加第三届福建省曲艺"丹桂奖"南方大赛，并获业余组三等奖。第三届福建省曲艺"丹桂奖"大赛答嘴鼓专场10个节目中，个人占据4个——《厦门路名趣谈》《尊老敬老行孝道》《新动力》《拍门卖药膏》，获二、三等奖。3月，创作答嘴鼓《反腐倡廉三句半》刊登在《厦门日报》上。10月，为薪火相传，在厦门市"非遗"中心、思明区文化馆的见证下，首次以答嘴鼓特有的拜师仪式正式收林恩乐为徒弟。创作的答嘴鼓《厦门路名趣谈》获第三届福建省曲艺"丹桂奖"大赛文学奖二等奖，刊登于《海峡曲艺》2019卷第10期。

2020年（73岁）　　创作答嘴鼓《习惯性》，参加福建省对台"亲亲闽台缘"两岸非遗文化"云"交流活动。11月，出席2020年厦门市曲艺研讨会并代表答嘴鼓与两岸来厦专家、学者进行交流。应邀担任2020厦门市戏剧曲艺表演评委。12月，创作群口答嘴鼓《送王船》，作为由国家文化旅游部指导，省、市政府等有关部门承办的中马"送王船"联合申遗成功专场演出节目。

2021年（74岁）　　创作的答嘴鼓《送王船》刊登在《厦门文艺》上。创作答嘴鼓《牛年讲牛》参加第四届福建省曲艺"丹桂奖"大赛，并获三等奖。2月，主持由厦门市"非遗"中心、思明区文化馆、厦门市鹏翔答嘴鼓艺术传习中心共同举办的2021年答嘴鼓讲古创作研习班并担任授课老师。5月，在厦门市文化馆、厦门广电拍录的建党百年答嘴鼓、讲古传承实录100个《村村有故事》的成片中，个人作品占三分之一。参加由厦门市文化馆、市非物质文化遗产保护中心举办的2021年厦门市"非遗"保护工作培训班。编著出版51万字的《林鹏翔曲艺选集》一书。12月，正式收区级答嘴鼓代表性传承人郑见为徒弟。

2022年（75岁）　　1月，厦门市非物质文化遗产保护中心拍摄《致敬厦门"非遗"守艺人　答嘴鼓百科全书——林恒星》视频进行推广宣传。7月，为由福建省文化和旅游厅举办的中国非物质文化遗产传承人研修培训计划——福建曲艺（讲古、答嘴鼓、锦歌、东山歌册）培训班主讲答嘴鼓艺术。8月，答嘴鼓《趣味闽南话》《年兜世俗例》分获第五届福建省曲艺"丹桂奖"少儿大赛文学奖二、三等奖。完成《林恒星作品选——答嘴鼓百篇集》一书的初稿。12月，以答嘴鼓自有的收徒仪式正式收陈少敏、吕良择、王晨航、詹舒琪为徒弟。